引爆直播

化保力　著

地震出版社
Seismological Press

图书在版编目（CIP）数据

引爆直播 / 化保力著 . — 北京：地震出版社，2021.6
ISBN 978-7-5028-5291-7

Ⅰ．①引…　Ⅱ．①化…　Ⅲ．①网络营销　Ⅳ．
① F713.365.2

中国版本图书馆 CIP 数据核字 (2021) 第 085633 号

地震版　XM4812/F(6068)

引爆直播

化保力　著

责任编辑：王亚明

责任校对：鄂真妮

出版发行：地 震 出 版 社

北京市海淀区民族大学南路 9 号　　　　邮编：100081

发行部：68423031　68467991　　　　传真：68467991

总编室：68462709　68423029

编辑四部：68467963

E-mail：seis@mailbox.rol.cn.net

http://seismologicalpress.com

经销：全国各地新华书店

印刷：三河市九洲财鑫印刷有限公司

版（印）次：2021 年 6 月第一版　　　2021 年 6 月第一次印刷

开本：700×1000　　　1/16

字数：168 千字

印张：14

书号：ISBN 978-7-5028-5291-7

定价：58. 00 元

序 PREFACE

　　这几年直播行业的发展如火如荼，直播营销也成为热门的营销模式。

　　很多大企业都在做直播营销。大企业往往会找当前最具人气的明星来做直播营销，直播营销的效果也是超乎想象地好。做直播营销时，有的明星在短短一个小时的时间里，就可以把产品卖断货。众多网友在直播间里抢购产品的场面堪比每年的"双十一"，让人"惊掉下巴"的同时，忍不住感叹直播营销的能量之大。

　　很多商界成功人士也在尝试做直播营销。作为小米公司的创始人雷军，一直走在时代的前列，对新鲜事物总是保持着非常强的好奇心。雷军不但在直播平台上和"米粉"互动，还通过直播的方式发布小米公司的新产品。

　　做直播营销的普通人更是数不胜数。在各个直播平台上，我们都能看到做直播营销的普通人，有的甚至人气火爆，堪比明星。为了方便用户做直播营销，各直播平台纷纷和电商携手，合力创建了更便捷的营销方式，即让电商平台上的链接直接显示在直播页面上。

　　与传统的营销方式相比，直播营销有非常多的优势。

　　传统营销需要在特定的场地进行，直播营销只要有一台电脑或者一部手机就能进行；传统营销的互动性不强，直播营销的互动性"爆表"；传统营销需要花费大量的人力、物力、财力，直播营销支付的营销成本很低；传统营销被"我知道我的广告费有一半被浪费了，但遗憾的是，我不知道是哪一半被浪费了"所困扰，直播营销可以随时收集观众的大数据，进而指导营销工作。

无论从哪个方面看，直播营销都具有势不可当的优势，注定会在营销模式方面掀起一场革命。

直播营销时代已经到来，我们正置身于一个全民直播营销的环境当中。如果你不相信，请看看周围人的手机，在他们的手机里你也许会看到不止一款直播软件。打开手机，搜索直播软件，你会看到快手、抖音、一直播、斗鱼、虎牙、花椒、映客等众多直播软件，多到让人应接不暇。

直播营销是时代的产物，是大势所趋。我们应该接受直播营销，试着去做直播营销，最终玩转直播营销。

本书分析了当前我们所处的直播营销时代的现状，详细讲述了玩转直播营销的六大攻略，并以快手直播营销为例，帮助读者快速掌握直播平台的使用方法。已经有直播营销经验的主播，可以从本书中学到更为系统的直播营销方法和更深层次的直播营销思想，从而在做直播营销时更为轻松。对于没有直播营销经验的初学者，本书可以手把手教你引爆直播。

5G时代即将到来。未来，信息传递的速度会更快，手机的功能也将发生新的变化，人们可以随时随地拿起手机做直播营销，不用担心网速不够快所带来的画面卡顿，到时候直播营销就会变得更加方便。

当前直播营销是非常火热的营销模式，未来也会有很好的发展。现在你就应该开始学习做直播营销，不要等到身边全是做直播营销的人时，才后知后觉地去了解它。当学会了做直播营销之后，你一定会爱上这种模式，同时会发现做直播营销原来如此简单。

目录 CONTENTS

上篇　玩转直播营销的六大攻略

第8章 从零开始学快手直播

第9章 进阶为快手直播高手

引子

▶▶

直播营销时代已来

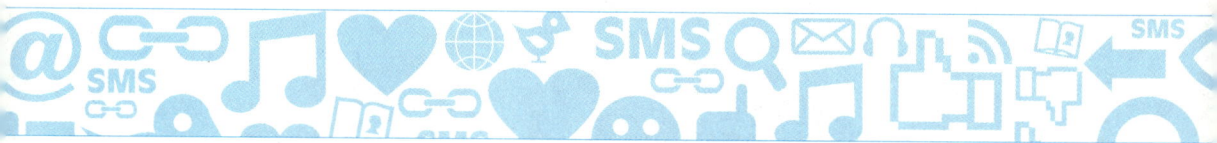

势不可当的全民直播营销时代

手机在多年以前就已经是人们必不可少的通信工具，而近几年来，随着科学技术的飞速发展，手机这种通信工具从大屏手机发展到全面屏手机，从全面屏手机发展到折叠手机，每一个阶段的产品都堪称"革命性"的进步。智能手机的功能越来越强大，它的普及程度已经达到几乎人手一部的地步，连小孩和老人也不例外。在这样的时代背景下，直播有了生根发芽的绝佳土壤。

随着直播平台强势进入人们的视线，直播营销成为可以触及每一个人的营销方式。于是，势不可当的全民直播营销时代到来了。直播营销就像是百米巨浪一样，汹涌袭来，席卷一切，成为营销的新方式，同时也是一种强大的营销方式。

其实，直播并不是一种新鲜的事物。我们早就从电视上看过很多直播的电视节目，比如各种体育赛事、现场直播的晚会等。但是，当快手、抖音、一直播等各种直播平台崛起时，直播变成了每个人都可以做的事，发展为全民直播。直播具有强大的感染力，再加上能吸引流量，所以理所当然地成了营销的利器。

作为直播载体的手机，其屏幕就像是一个窗口，让我们可以看到更广阔的世界。而做直播的人，就变成了人们的眼睛，带领着人们去领略世界的美好。人们对新鲜的、好玩的事情总是充满兴趣，因此，直播对人们的吸引力非常强大。在直播的过程中做营销，总是能收到非常好的效果。直播营销的效果好，成本又低，全民直播营销时代的出现也就不足为奇了。

中年人刘大哥是专门在农村做婚宴厨师的，他的厨艺很不错。工作之余，他喜欢在快手上做直播。刘大哥把他在婚宴上做饭的过程直播出去，总是能吸引很多人观看，也收获了不少"粉丝"。有了一定的人气之后，刘大哥在直播时向大家推销他使用过的厨具和一些调味品之类的东西，结果收到了很好的效果。后来，刘大哥的"粉丝"越来越多，他每个月在直播时卖东西挣的钱比他做婚宴厨师挣的都多。

王婷婷是一个女装店的老板，她在一家商场租了一个店面。她的服装店并不大，生意一直不是很好。王婷婷很喜欢看抖音上的直播，她发现很多人都在做直播营销，于是也想着通过直播来卖衣服。她先学习了一下做直播营销的注意事项，然后好好学习了化妆和服饰搭配，以让自己显得更漂亮。做好准备之后，她就开始在抖音上做直播了，一边直播，一边推销她店里的衣服。刚开始，她的直播间人气并不高，但是她一直坚持着。几个月之后，王婷婷的直播间已经有了一批"粉丝"，每次直播她都能卖出十几件衣服。尽管卖出的衣服不算很多，但王婷婷已经感到很欣慰了。就这样，她坚持了一年时间，她的"粉丝"更多了，直播时总能卖出不少衣服。后来，她干脆关闭了店面，专心在家里做直播营销，不但省下了店铺

租金，赚的钱也比开店时高出几倍。

演员刘涛也会在直播平台上做直播，为她新拍摄的电视剧做宣传。在她直播的时候，直播间的人数非常多，给她送礼物的人也非常多。刘涛很会吸引观众的注意力，她把自己的一些演员朋友也拉进直播间，让他们跟"粉丝"打招呼。在刘涛的积极带动下，直播间的观众热情高涨，而她出演的电视剧也被更多的人知道了。

小米公司创始人雷军是一个喜欢新鲜事物的人，他没少通过直播平台和小米的"粉丝"——"米粉"们交流互动。雷军也喜欢做直播营销，除了小米的直播发布会之外，雷军也会像普通人那样，在直播平台上做直播营销。雷军经常在直播时一边和"米粉"们互动，一边为小米的新产品做宣传，让更多的人知道小米的新产品，也让更多的人了解小米的新产品。

无论什么行业的人，无论什么身份的人，不管是普通人还是明星、企业家，每个人都可以做直播营销，每个人也都或多或少地接触过直播营销。没错，这就是一个全民直播营销的时代，如果你不明白这一点，那你真的落伍了。

随便打开一个人的手机，你有80%以上的概率，能够在他的手机里看到直播平台的APP。如果那个人是一个年轻人，那这个概率将达到98%以上，在一些地方甚至有可能达到100%。

如雨后春笋一样冒出来的众多直播平台，让人眼花缭乱。再看看你身边的人，几乎人人都会去看直播，几乎人人都受到过直播营销的影响。这一切都在告诉我们一个无可争辩的事实，这是一个直播的时代，这也是一个全民直播营销的时代。

跟上时代的步伐，去享受直播营销的乐趣，去感受直播营销的冲击力，去用它赚取你的第一桶金。不要犹豫，也不要徘徊，否则你错过的有可能是整个直播时代。

直播平台上演大混战

2016年称得上是一个"直播年"，在那一年，没有什么比直播的风头更强劲。在短短的一年时间里，人们目睹了直播史上的奇观。

一个个直播平台如雨后春笋般冒了出来，速度快到令人不可思议，这些直播平台就像是坐了火箭似的朝人们的视野里冲。斗鱼、虎牙、映客、花椒、一直播、龙珠……，众多的直播平台已经让人眼花缭乱，而在此时，快手、抖音等短视频平台也纷纷上线直播功能，要来分直播领域的一杯羹。一时间，直播平台遍地都是。在喜欢新鲜事物的年轻人当中，有些人的手机上，光是直播平台的APP就占据了整个屏幕。

直播平台之间的竞争已经达到了白热化的程度，但这还不算完。阿里巴巴、小米等很多看似与直播没有关系的企业，也纷纷加入直播平台的"百团大战"，让本来就战火纷飞的直播界更是拼得你死我活。

到了2017年，直播行业热度不减，在年轻人当中受到持续关注；2018年，直播行业被更多的人关注，覆盖各个年龄段的人群；2019年，直播行业依旧深受人们的喜爱；2020年，直播的热度持续不减。在这几年的时间里，

直播平台之间的大战一直没有停过。一些小的直播平台借着直播行业的风口，赚到了自己的第一桶金，但是好景不长，它们中的很多都成了平台大战当中的牺牲品。随后，直播平台的格局基本确定下来，大的直播平台有斗鱼、虎牙等；短视频方面，快手和抖音这两个平台上的直播最为火爆；阿里巴巴和小米等跨界搞直播的企业，因为体量巨大，也拥有不少观众。

1.快手

2011年3月，快手诞生。2012年11月，快手从纯粹的工具应用转型为短视频社区。2013年10月，快手转型为短视频社交平台，无论在用户量还是用户活跃时长上都得到了大幅提升。2015年6月，快手单日视频播放量突破260万次，用户突破1亿。2015年8月，快手App位列App Store TOP30。之后，快手App连续一年位列App Store免费榜TOP30。2016年2月，用户突破3亿。2016年，快手的安卓和iOS系统总用户突破3亿！2017—2018年，快手继续发展，用户数量稳步增长。2019年，快手对平台的管理更加严格，将在未来的道路上走得更远。

2.斗鱼

"斗鱼——每个人的直播平台"是斗鱼对自己平台的定位。斗鱼这个名称来源于泰国斗鱼。泰国斗鱼凶猛好斗，只要两条雄鱼碰面，一场争斗就不可避免。斗鱼平台就是要借用这种要做就做老大、要争就争第一的精神。

斗鱼以弹幕式直播起家，一开始主要做游戏视频直播和游戏赛事直播。后来它越做越大，越做越好。2016年3月，斗鱼完成了B轮融资，融资金额超过1亿美元。紧接着，在2016年8月份，斗鱼又完成了C轮融资，融资金额高达15亿元人民币。整个2016年，斗鱼的融资金额超过20亿元人民币。

斗鱼一直是直播界数一数二的大平台，虽然它也出过不少状况，但始终屹立不倒。今后，它将继续陪伴网友们走下去。

3.虎牙

虎牙直播是YY旗下的直播平台，内容涵盖综艺、娱乐、户外、体育、教育、游戏等各个方面。虎牙直播是国内领先的互动直播平台，每月超过4 000万的观众通过虎牙观看直播。

2012年，YY开始做游戏直播业务，这就是虎牙直播的前身YY直播。2012年11月，YY在美国纳斯达克上市，成为当时行业内唯一的上市公司。2014年11月，YY直播注册用户破亿，成为行业内第一家"亿人俱乐部"。2014年11月11日，YY直播正式更名为虎牙直播。2016年8月，虎牙直播注册用户2.1亿，月活跃用户9 000多万，日人均观看时长135分钟。2016年11月，虎牙直播荣获"第一游戏直播平台奖"及"最具商业价值奖"。2016—2019年，虎牙和斗鱼一样，一直处在数一数二的大平台位置，受到了众多网友的喜爱。

4.一直播

相对于老牌直播平台，一直播起步较晚，它在2016年5月进入直播行业。虽然起步较晚，但这并不影响它的发展。一直播有强大的经济实力，拉来很多影视明星做直播，迅速吸引了网友们的眼球，为自己赢得了很高的人气。

5.花椒直播

花椒直播比一直播上线的时间大概早一年，它在2015年就与大家见面了。花椒直播主打的是年轻活力、时尚漂亮，力图做一个"颜值爆表"的直播App。它将目标锁定在"90后""95后"身上，由于美颜方面做得好，还受到了很多"00后"的喜爱和追捧。

2016年的直播行业迎来一波井喷式的迅猛发展，花椒直播的表现在众多平台中尤为出色，其环比增长率高达191%，比同类App强很多。

6.抖音

抖音和快手很相似，是很多人在手机上观看短视频和直播时喜欢用的App，流行程度也是不相上下。不过，抖音比快手起步晚很多，2016年9月才上线。但是，这并不影响抖音在年轻人当中的火爆地位，年轻女性对其尤为青睐。

以上这些直播平台，只是众多直播平台当中的几个。相对于整个直播行业来说，它们只是冰山一角，它们身后的平台还有很多很多。

从2016年开始，直播行业的竞争达到了白热化阶段，直播平台之间的混战从未停止，从2016年一直打到了2019年。在这个过程中，曾经称得上是直播行业"三巨头"之一的熊猫直播倒下了，同样体量巨大的全民直播也面临着很大的危机。

但是，无论直播平台怎样混战，直播依旧是网友情有独钟的内容形式，整个直播行业依旧欣欣向荣。今后，直播行业的发展将趋于稳定，会更适合主播们发展。

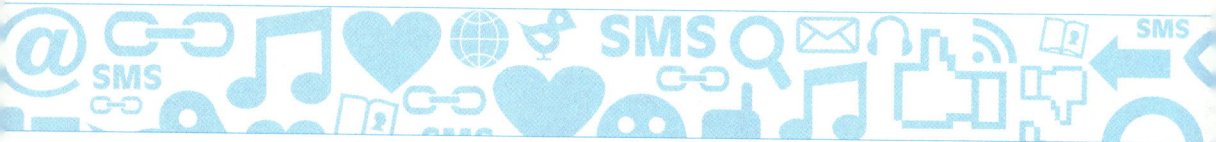

直播营销的受众非常广泛

在这个移动互联网时代，信息传递技术越来越发达，但与此同时，人们的孤独感也越来越强烈。观看直播能够让人们消磨无聊时光，在与主播的互动中找到快乐，因此，直播一直受到人们的喜爱，受众范围非常广。在这样的现实背景之下，直播营销也有非常广泛的受众。

小柳是一个开女装店的年轻女孩，她在开店的过程中，也在直播平台上做直播、卖衣服。小柳平时喜欢健身，所以她的身材很好，就像模特一样。她经常在直播时试穿她卖的那些衣服。不管什么样的衣服，经过小柳的试穿，都显得格外好看。有很多用户在观看小柳直播的时候，都会直接下单购买。

小柳发现观看她直播的大多数是年轻女性，因此，她会根据年轻女性的喜好来安排直播的内容，在直播时讲一些穿衣打扮、美容、减肥之类的内容，收到了很好的效果。

例子中的小柳是做直播营销的，她的观众主要是年轻女性。因此，她按照年轻女性的喜好来做内容，赢得了观众的喜爱。

小王经营了一家电脑外设店，主要销售键盘、鼠标、音箱等电脑设备。为了提高销量，小王在直播平台上做游戏直播，在直播的过程中推销自己的商品。小王经常做《英雄联盟》这款游戏的直播，这款游戏很火，每次都能吸引一定数量的观众。尽管小王玩游戏的技术不如那些职业的游戏主播，但是，他在做直播的时候非常幽默，每次都能用风趣的语言逗得观众哈哈大笑。很多人喜欢看小王的游戏直播，觉得看他的直播时非常轻松，能消除一天的疲惫感。

观看小王直播的大多数是年轻男性，而这些人也正是购买电脑外设的"主力军"。小王的直播营销做得非常好，他的电脑外设店的生意也越来越好。

小王把自己的受众群体定位为年轻男性群体，通过精准定位，把生意做得越来越红火。有的主播将受众群体定位为中年群体，直播营销做得也很好。

老张是一个养蜂人，他经常在网上销售蜂蜜。自从直播火了以后，老张也开始利用直播来做营销。老张在快手上注册了一个账号，经常发布一些短视频，短视频的内容都是关于养蜂和纯天然蜂蜜的内容。通过短视频吸引了不少"粉丝"之后，老张开始做直播。在直播的时候，他一边给观众讲解如何判断蜂蜜是不是纯天然的，一边推销他的纯天然蜂蜜。有时候，老张会直播他养蜂的日常操作，会让观众看他收集蜂箱中的蜂蜜的过程；有时候，老张会现场试吃没有经过任何加工处理的带着蜂巢的"蜂巢蜜"，一边吃，一边和大家分享它的味道，让观众感受到了"蜂巢蜜"的甘甜；有时候，老张会给大家讲一些有关蜂蜜养生的知识，告诉观众怎样吃蜂蜜最健康，对身体最好。

直播内容深受中年观众的喜爱，很多中年观众会下单购买他的蜂蜜。

中年人一般更注重养生，对和养生有关的产品会格外关注。例子中的老张抓住了直播观众当中的中年人这个群体，所以直播营销的效果很好。

观看直播的观众当中有各个年龄段的人，因此，直播营销的受众是非常广泛的。你销售的产品是面向年轻人的，你可以在直播中找到你的目标用户；你销售的产品是面向中年人的，你也可以在直播中找到你的目标用户。

现在，几乎每个人都会在闲暇时间玩手机。在这些人当中，看直播的人占很大一部分比例。当人们喜欢看一个主播的直播之后，他们会和这个主播建立联系，成为这个主播的"粉丝"，甚至产生精神寄托。

主播和观看直播的人是一种类似朋友的关系，主播和观众彼此慰藉，让无聊的时间变得有趣起来。因此，观众对主播是比较信任的，他们甚至比主播身边的人还了解主播。主播在这时候做直播营销，营销效果会很好，因为观众相信主播推荐的产品。

直播有广泛的受众，主播可以很轻松地找到自己的目标受众，和这些受众建立联系，然后，在直播的时候顺便做一做营销，效果往往就会很不错。因此，直播营销是很值得一试的新营销方式。

直播让营销更省钱省力

传统营销需要特定场地，在对场地进行精心布置的同时，还需要进行大量的广告宣传，因此，要花费大量的财力和人力。如果营销效果不佳，可能连本钱都收不回来，直接变成了赔本买卖。

直播营销不需要多大的场地，只要搭个台子就能"唱戏"，甚至连台子也不需要，有个直播间就可以。因此，人们不需要花费太多的财力和人力，能节省开支。

> 对于直播，360公司董事长周鸿祎这样说："我觉得直播是未来互联网最丰富，也最强有力的表达方式，直播肯定会成为标配。换句话说，各行各业都可以把直播作为一种表达方式，比如说纸媒可以用直播做新闻，途牛网可以用直播做旅游，也可能美团网有一天会拿直播来演示预订餐馆怎么做出一顿饭，甚至很多销售金融理财产品的人，都可以用直播来促进他们的销售。"

用直播来营销，对企业和个人都适用，对各种各样的产品也都有很强的适用性。直播营销在直播火了以后，也水涨船高地成为一个很火的概念，受到越来越多人的关注，很多人都在积极尝试用直播的形式做营销。

传统营销通常要找一些人气比较高的明星来做代言、拍广告，直播营销并不一定由明星来做，一个普通人也可以做直播营销。这样就省去了请明星的巨额广告费，还是非常划算的。

作为一个互联网公司的创始人，雷军对新鲜事物的敏感度很高。直播营销火起来之后，雷军经常做发布会直播，以直播的形式发布新产品，把直播营销做得风生水起。

小米无人机刚出来的时候，雷军就以直播的形式让大家见到了这款产品，顺便解答了观众提出的一些问题。

> 雷军在用直播的方式发布小米无人机时，观看的人非常多，而且随着直播的进行，人数不断增加，从刚开始时的十几万增加到20多万，之后又增长了约一倍，达到40多万，在观看人数高峰时段，观看人数达到近60万。
>
> 雷军的这次直播营销，不但让更多的观众了解了小米无人机，还顺便让小米直播App沾了光。在直播期间，小米直播App不断被用户下载，下载量节节攀升。
>
> 虽然在这次直播过程中，小米无人机在飞行时出现了意外，从空中掉了下去，让人觉得非常尴尬。但是，雷军控制住了场面，并用这个话题吸引了更多的关注。

总的来说，雷军的这次直播营销是很成功的。这种营销不需要请大牌明星，省钱是一定的：除了省下了请明星的钱之外，还省下了搭建场地的钱。雷军的整场直播是在一间普通的办公室中进行的，只需要把办公室稍微布置一下就可以了，非常简单。直播的时候，雷军一个人就可以掌控全场，不需要其他人参与，人力资源方面也非常节省。这种省钱省力的营销方式，在传统营销中是不敢想象的。

这次直播，观看的人数有几十万，而且能即时进行互动交流。这种巨大优势也是传统营销模式所不具备的。

不需要多大的场景，雷军在一间办公室就开了发布会，并且观看人数比普通发布会多得多。观众在小米直播App和十几家视频网站上都可以看到这次发布会。可以说，这是一场省钱省力，效果还好的营销活动。

直播营销的方式有很多种，主播们可以在室内开直播，也可以走到外面去开直播，用镜头带领观众走进市场，进行"网上逛街"。

波罗蜜全球购简称"波罗蜜"，互动直播营销是它营销形式的重要组成部分。它主要通过直播的方式，给消费者提供一个海外购物场景。

波罗蜜的主播会用镜头带领大家逛海外的市场，选购海外商品。这是一种非常好的营销方式，只要主播在言语上稍微有一点导向性，就可以在不知不觉间对观众产生影响，把产品推销出去。

比如，在日本，美女主播用镜头带领大家去看日本的各种土特产，去看各种品牌的化妆品等。在直播过程中，主播不仅会向观众详细介绍各种

产品，还会亲自上阵，当场将产品涂抹在自己身上做试验。

观众们听了主播的讲解，又看了主播的试用，既会产生好的体验感，又会产生很强的信任感，下单购买也就是理所当然的事了。通过使用这种营销方式，很多产品的网上销售量大大增加。

直播营销能够让营销变得更加灵活，而且省钱省力。还有一点值得一提，这种营销手段与传统营销手段相比，能够拉近营销者和消费者之间的距离。在直播过程中，随着交流的不断深入，观众会逐渐接受和认可主播，这样一来，营销效果会比传统营销好。

"粉丝"和流量让营销如虎添翼

　　移动互联网时代是一个"粉丝"经济时代，同时也是一个流量为王的时代。"粉丝"和流量能够让营销如虎添翼，让营销效果变得更好。

　　"粉丝"经济是一种非常强大的经营性创收行为和商业运作模式。当积累了足够数量的"粉丝"之后，"粉丝"团体就会产生强大的吸引力，从而吸引来更多的"粉丝"。当一个主播有了大量"粉丝"之后，这些"粉丝"会主动帮忙进行宣传，让更多的人认识和了解主播。同时，"粉丝"在微博、贴吧等地方发表言论时，也会有涉及主播的内容，这就发展成被动宣传了。有了"粉丝"的支持之后，主播在进行直播营销时，就会产生事半功倍的效果。

　　与"粉丝"能够吸引更多的"粉丝"一样，流量也可以吸引来更多的流量。当一个主播有了足够的流量，这些流量会让他有更高的热度，进而被更多的人看到，流量也就会源源不断地向他涌来。在移动互联网时代，有了流量就很好做营销了，只需要开展简单的营销活动，就可以吸引很多人，和没流量时的营销效果有天壤之别。

　　小颖是一个年轻的女主播，她平时主要直播唱歌。她的声线很独特，逐渐吸引了很多"粉丝"。小颖看自己的"粉丝"已经有十几万人了，就开始在直播的时候做营销。她先是推销自己平时使用的一款面膜，向大家介绍这款面膜的优点。经过第一次直播营销，小颖的面膜卖出去了一些，但销量并不算多。

　　对于这种情况，小颖心里其实早有准备。她知道，观看自己直播的大多数是男性观众，这次面膜营销只是试探一下：第一，她想验证一下自己的观点对不对，证实一下观众里是不是男性居多；第二，她想看看自己所做的直播营销能不能取得好的营销效果。

　　经过第一次直播营销，小颖认为，在一群以男性为主的观众当中卖面膜，居然还卖出去了一些，如果换成男性喜欢的商品，那么销售情况可能会很好。

　　于是，小颖就从批发商那里进了一批T恤，试着在直播的时候卖T恤。在直播唱歌时，她穿上了一件男款T恤。这时，直播间里的"粉丝"们都说她穿男装显得很有英气，并询问她是不是有男朋友了。小颖说自己打算卖男装，先卖T恤。"粉丝"们都说支持她，纷纷下单。

　　经过几次直播营销之后，小颖发现观看人数比以前增加了不少，"粉丝"数量也涨到了几十万。一问才知道，有不少人是她原来的"粉丝"介绍过来的。原来的那些"粉丝"买了她的T恤之后，觉得质量很好，就推荐给他们的朋友，新"粉丝"大多是这样来的。

　　小颖没有想到直播营销的效果会这么好，她很感谢"粉丝"们对她的支持，因此，搞降价促销活动来回馈"粉丝"，"粉丝"们得到了实惠，

> 又帮助小颖扩大宣传。就这样，小颖的直播营销越做越红火。

例子中的小颖有一定的"粉丝"基础，所以做起直播营销来事半功倍，营销效果很好。这就是"粉丝"在直播营销中的典型作用。"粉丝"们的宣传能够让主播省去很多力气，不用花费一分钱就可以借助"粉丝"们的口"一传十，十传百"。

"粉丝"能够让直播营销如虎添翼，流量同样如此。其实，在移动互联网时代，"粉丝"和流量本来就有千丝万缕的联系。

在某视频网站上，有一位视频制作者经常制作一些关于影视节目的视频。在视频当中，他会对这些影视节目的内容进行深入剖析，让观众了解一些平时没有注意到的内容。比如，他会解说由金庸小说改编的影视作品，并分析这部影视作品拍得怎么样，和原著以及其他影视作品相比，优点有哪些，缺点有哪些。

有时候，他会给观众推荐一部他认为不错的影视剧，并简单介绍一下剧情和推荐这部剧的原因。

他制作的视频内容很好，每个视频的播放量都有几百万，拥有很大的流量。

后来，这位视频制作者开始做直播营销，还是选在这个视频网站上，只不过切换到了专门的直播频道。他的视频已经给他带来了丰富的流量，所以在做直播营销时，他的直播间有很多观众。在直播营销的过程中，很多经常观看他视频的人都过来捧场。大家都很相信他的人品，觉得他不会

骗人，很放心地购买他推荐的产品。最终，他第一次直播营销时就卖出了1 000多件产品。

流量会对直播营销产生很大影响。当拥有了流量之后，做直播营销就会很轻松。例子中的视频制作者在利用优质的视频内容引来流量之后，再开展直播营销活动，收到了很好的效果。

与传统营销方式相比，直播营销能够借助"粉丝"和流量的力量，让营销过程变得更简单。这是直播营销的优势所在，也是很多人钟情于直播营销的重要原因之一。

"直播+营销"是大势所趋

直播具有丰富的节目内容和超强的互动性，成为移动互联网时代受网友欢迎的宠儿之一。直播与那些只能吸引某一个年龄段的人的事物有所不同，它能够吸引不同年龄段的人，男女老少都被它的魅力深深吸引。在直播中，有年轻人喜欢的游戏、段子，有中年人喜欢的健康养生知识，同时也有老年人喜欢的广场舞。

任何一个事物火起来之后，都会因为人们的关注而产生商业价值。直播的热度加上营销，就是直接将流量变现的法宝。把直播和营销结合在一起，可以说是大势所趋。

近些年，直播一直处于备受关注的风口浪尖上，它功能上的每一次变化，内容上的每一次调整，都牵动着成千上万网友的心。将直播和营销结合起来以后，产生的能量是爆炸式的，会在网友中产生巨大的冲击波。

每一个行业都是有圈子的，直播行业的圈子包括主播的圈子和"粉丝"的圈子。直播和营销结合之后，冲击波会在"粉丝"的圈子里产生。同一个主播的"粉丝"之间一定会口口相传，让这个主播的营销广告传遍每个角落。这种

情况，其实和明星做广告差不多。

> 明星做广告时，"粉丝"很快就知道了，并迅速在"粉丝"圈传播起来，而在"粉丝"圈之外，其他人往往会后知后觉，甚至可能过了很久还不知道有这回事。尤其是那些平时不太关注这些广告内容的人，他们可能从始至终都不知道这个明星做过这个广告。
>
> 主播做直播营销时，"粉丝"也很快就知道了，这件事也会在"粉丝"圈迅速传播。在"粉丝"圈之外，也没多少人知道这件事。但是，对于主播来说，这种传播度已经足够了。他完全可以非常愉快地售卖自己的产品，因为他做营销的目标人群就是他的"粉丝"，至少一开始不会奢求赢得"粉丝"之外的人群的关注。当主播拥有了稳定的产品销量以后，借助"粉丝"的力量逐渐向"粉丝"圈之外扩张，是完全可以的。很多主播的"粉丝"有几十万人，这么大的基数，已经足以让主播把营销做得非常好了。哪家实体店能有几十万的"粉丝"？所以，和实体店相比，"直播+营销"的营销效果绝对是爆炸式的。

"直播+营销"让普通的主播也能产生明星效应，营销效果和明星做广告的效果差不多。这种情况，其他任何一种营销模式，都是不可能实现的。以普通人的身份比肩经过众多团队包装过的明星，这就是直播的魅力所在，也是"直播+营销"的天然优势。

从互联网时代开始，有些人就已经能够成为和明星一样的流量人物了，他们就是"网红"。"网红"诞生的速度很快，衰亡的速度同样很快。如某个

"网红"可以在一夜之间火遍全网，但是几天之后，也许热度下去，便没有人再记得他了；一周以后，这个曾经"热"到"爆炸"的"网红"或许已经"凉"透了。直播则不同，做得好则能够长期维持下去，将它的营销价值充分发挥出来。

直播非常适合与营销结合，这是很多人都能看到的事实。因此，做"直播+营销"的人越来越多，而且取得的效果往往都很不错。所以，它成了大势所趋，我们可以看到很多人都在做"直播+营销"。

在快手上，有一个专门做短视频讲解如何弹吉他的人，在做短视频后没多久，就开始直播卖吉他了，买的人还不少。

在抖音上，有一个做搞笑短视频讲生活中的趣事的人，做了几十个短视频之后，就开始直播卖瘦脸霜和瘦身霜了，营销效果很不错。

一个表演猴戏、装扮成孙悟空、拍了很多模仿电视剧《西游记》的短视频的人，突然直播卖起了他扮演孙悟空时穿过的衣服和用过的道具，人们不但买他的道具，还想要拜他为师，向他学习表演猴戏。

有一个经常在短视频网站上传一些唯美图片的人，观众感觉他是个喜欢摄影并且活得非常有诗意的人，没过多久，他开始直播卖单反相机。大家觉得他拍的照片都很好看，所以认为他卖的相机肯定也很好，于是争相购买。

在随便哪一个短视频软件或者直播软件上，只要你注意观察，都会发现很多人在做"直播+营销"的事。"直播+营销"就像是一个巨大的浪潮，席卷

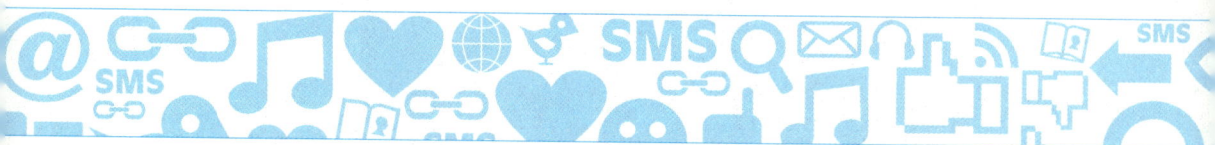

了各个直播平台。在这种大趋势之下，如果你不去做直播营销，就落后于时代的节奏了。

无论是主播个人，还是一个团队、一个企业，都应该正视"直播+营销"这个大趋势，积极开展直播营销活动。这样才能顺应时代发展潮流，借力打力，引爆直播。

玩转直播营销的六大攻略

第1章

▶▶

设计：吸引眼球的
直播营销才是好的
直播营销

　　直播营销时，要在第一时间吸引住观众。为此，你应该学会设计。设计直播间封面，让观众一看就忍不住点进去；设计直播内容，让观众喜闻乐见；设计包装方式，让你显得更有实力。

身处"看图时代"，图片选择非常重要

要想把直播营销做好，吸引人们的眼球是很重要的。在这个人人都很"懒"的时代，人们懒得去看文字内容，更喜欢一眼就能看明白的图片。所以，这是一个"看图时代"。在这个时代，直播营销要有好的"封面"，也就是要选择合适的图片。

一张合适的图片，除了能够凸显出直播内容之外，还应该具有吸引眼球的作用，让那些从来没看过你直播的人，也能被瞬间吸引过来，点开你的直播。

有的主播在直播时会用一个非常吸引人的封面，一下子就将观众的目光吸引住了，为自己赢得了更多的关注。

小海是一个饭店的厨师，在闲暇的时候，他经常开直播教网友做菜。他的厨艺很好，教网友做菜的时候也是实打实地教，从来不藏着掖着。但是，直播了一段时间之后，他发现自己的人气一直上不来。

小海非常奇怪，作为一个职业厨师，他觉得自己怎么都比那些业余的美食主播要专业，做的直播内容也比他们做的好。可是，为什么网友宁愿

去看他们那些稀奇古怪的自制食品直播，比如自制巧克力雪糕、自制果冻西瓜之类的直播，也不愿意看自己这个正经的做菜直播呢？

为了找到问题所在，小海去看那些人气比较高的主播的直播。他发现，这些主播直播的内容很一般，并没有比自己的强多少，但是，这些主播直播时的封面图片都做得非常有吸引力。他们一般是将精心处理过的美食图片放到封面上，那些美食图片像是自带光环，让人看后非常有食欲。有的主播还为美食图片配上非常有诱惑力的文字，比如"教你三步做出好吃的果冻""学会这招，在家也能做出大厨的菜""好吃的雪糕不花钱"。

看看这些主播制作的精美的封面图片，再看看自己那张随手拍得很模糊的封面图片，小海明白了问题出在了哪里。于是，在接下来的直播当中，小海先会把自己的封面图片做好，不仅精心拍照，还精心修图，把封面美食图片做得美轮美奂，让人一看就垂涎三尺。与此同时，他还会配上醒目的红色文字"大厨教学 一学就会"。

在精心制作了直播的封面图片之后，小海发现直播时的观众数量渐渐多了起来。过了一段时间，他的直播变火了，收获了很多"粉丝"。

用吸引人的图片来做直播的封面，能够吸引更多的观众。例子中的小海一开始没能让自己的直播火起来，问题不是出在直播的内容上，而是因为封面不够吸引人。当他精心制作了美食图片，用精美的图片来做封面后，情况就得到了改善，自己的直播也火了起来。

直播营销一定要选择合适的图片，这样才能在一瞬间抓住观众的眼球，让

他们点开直播。无论你的直播内容怎么样，让观众自愿进入直播间观看直播，都是至关重要的一步。因此，在开始直播之前，你一定要舍得花时间和精力去选图片、处理图片。

在快手平台上有一个板面哥。他的直播营销做得非常好，这和他非常会用图片有很大的关系。

板面哥直播时卖的东西其实和大部分美食主播差不多，他是卖板面底料的。不过，他的板面底料卖得比大多数主播都好。

来到板面哥的直播间，你一眼就可以看到他做的封面图片，画面非常诱人。做直播营销时，很多情况下都有秒货的人，也就是很快下单并且购买量很大的人。板面哥吸引观众来秒货，应用的方法就是用非常诱人的图片来激发观众的积极性。

比如，他把用锅炒料的场景拍下来，让人一看就觉得货真价实，而且特别有食欲。这时候，板面哥会告诉大家，有想要的快进来秒货，手慢了就没有了。这样，想要购买的人就会非常有积极性，一进直播间就秒货。

板面哥非常懂得图片的重要性。除了卖板面底料时会把图片做得很好之外，他用短视频吸引观众时，也会把封面图片做得非常好。比如，他拍过一条短视频，内容是客人吃面条时的动作。他会非常认真地剪辑，包括做慢镜头，加上很多特效。在封面图片上，他更是用心，他拍的那个客人吃面时的表情特别感染人，让人一看就非常有食欲。看完客人吃面的表情，观众也想吃一碗面试试。

把图片做好了，就会具有非常大的吸引力。无论是直播还是短视频，你都应该把封面图片做好。短视频的封面图片做好了，能吸引来更多的人，"粉丝"会越来越多，从而给直播营销带来好处。直播时的封面图片做好了，就会吸引来更多看直播的观众。

最后还有一点需要注意，那就是直播的标题。标题和画面一定要搭配好，这样才能对观众产生更大的吸引力。画面容易被人发现，观众就点进去了；标题足够吸引人，观众也会点进去。画面和标题搭配得好，会产生更大的吸引力，这样观众就不会错过你的直播了。

形象有时候比证书更管用

形象在直播的时候非常重要，好的形象能够带给人一种更专业的感觉。干什么就要有干什么的样子，把形象经营好才能赢得观众的喜爱。从某种程度上来说，形象有时候比证书更管用，因为它关系着观众对你的第一印象，决定着直播的生死。

其实，形象在日常生活中对每个人都很重要。但是，在做直播时，你要对这件事格外重视，因为在直播中，形象的重要性通过屏幕被放大了。在直播的时候，大部分人都是看一眼就决定是继续看下去还是离开。如果主播形象好，他们可能就会留下来继续观看；如果主播形象不好，他们有很大的概率会离开。一般来说，这是没有一点回旋余地的，因为直播的形式决定了观众不会给你机会向他们展示更多的内容。

还有一点需要注意，形象对女主播和男主播同样重要，并不存在女主播比男主播更需要注意形象的问题，男主播也不可以以邋遢的形象面对观众。在直播开始之前，主播应该先确定自己的穿衣打扮是否得体、专业，然后调试好镜

头，确保自己的直播画面是清晰美观的。

某主播是名牌大学毕业的本科生，她很喜欢直播这个新兴的行业，所以就成了一名主播。

刚开始做直播时，她觉得自己学历高，应该和其他主播有所不同，会吸引到更多的观众。不过，她没有太注意自己的形象，有的时候妆都不好好化就出镜了，导致直播的效果不是很好。她一开始没有察觉到问题，依旧我行我素地凭感觉去做直播。结果直播了很长时间，"粉丝"量也没有明显增长，她这才开始寻找原因。

她从自己的衣着和妆容入手，让自己的形象变得更好。她给自己买了一些名牌服装，并找化妆师给自己化妆，把自己打扮得更有气质。然后，她又专门买了一个美颜镜头，让直播中的自己看起来更美。过了一段时间，她的"粉丝"渐渐多了起来，直播时有很多人给她送礼物。随着人气的增加，观众也逐渐产生了一种认知，就是她的直播内容比其他主播的更有内涵。渐渐地，她从一个无人问津的主播，变成了知名度很高的主播。

有的人认为，有气质的人穿便宜的衣服也很帅、很美，但那都是在日常生活中，一旦放到镜头面前，差距就会显现。在镜头前，名牌衣服会让人显得更有气质，这一点是必须要承认的。还有，直播前主播一定要化妆，正如舞台剧演员上舞台前必须化妆一样。主播在镜头面前做直播，就算其素颜时再漂亮，也必须带妆上镜，否则在镜头面前，直播效果会大打折扣。

有些人不懂形象有时候比证书更重要这个道理。比如在面试时，他们不注重自己的形象，结果被老板认为形象太差，最后面试失败。在直播领域，形象更是比其他行业还要重要。如果你的形象不好，就会在观众面前显得黯然失色，很难引起他们的兴趣。

主播一定要有形象意识，把自己的形象维护好。这样一来，观众就会逐渐接受这个美好的形象，认定主播是一个很优秀的人，从而成为主播的"粉丝"。

注意形象不仅仅是为了吸引观众的眼球，也是出于尊重观众的考虑。我们每个人都应该注意自己的形象，其实这是对别人的一种尊重。生活中注意形象，是对身边每一个人的尊重；直播时注意形象，则是对每一位观众的尊重。

主播在塑造直播时的形象时需注意四点：一是穿适宜的服装；二是注意化妆；三是合理使用美颜滤镜；四是自己的言谈举止要得体。前面三点比较容易做到，但言谈举止得体是很难做到的。

有的主播满口粗俗的语言，把握不好度，很容易被平台封禁；有的主播在内容上不注意，出现了低俗的内容，也很容易被平台封禁；有的主播一开始比较谨慎，语言和直播内容都很得当，但火起来以后就不注意了，容易犯各种错误。

主播要想维护好形象，必须时刻注意自己的言谈举止，要像明星那样严格要求自己。一般情况下，明星作为公众人物，在言谈举止方面都会小心谨慎。主播虽然和明星不同，但有的主播也拥有众多"粉丝"，因此应该像明星一样要求自己，这样才能保证自己的形象从始至终都处于良好状态。

　　形象看不见摸不着，却能够对主播产生非常大的影响。主播维护好形象，不但能够吸引更多的"粉丝"，让自己的直播营销越做越好，确保自己的直播间长久运营下去，还会在"粉丝"心中产生良好的长期印象，无形之中会产生巨大的价值。因此，主播一定要充分重视形象。

包装不一定"烧钱"，但一定"烧脑"

直播是时代发展的大趋势。做直播的人成千上万，要想在这么多的主播中脱颖而出，你一定要让自己与众不同，这就需要对自己进行包装。包装看似简单，有的人觉得只要花钱买一堆名牌产品，让自己显得很贵气就行了；有的人觉得只要肯花钱去炒作，就能赢得更高的关注度。这些想法都有失偏颇。

包装一定要根据具体的直播大环境和自己想要达到的包装效果进行客观分析，然后反复思考具体应该怎么做。在确定了包装方向之后，你还要在直播中仔细观察观众的反应。如果观众的反响很好，就继续这样包装，只需要稍微调整和改进即可；如果观众的反响不好，说明这个包装方向有问题，那就要赶紧思考问题出在哪里，然后快速更换包装方案。

总的来说，包装不一定是"烧钱"的，但一定"烧脑"。只有经过反复思考，并在实际的直播当中去检验，你才会知道怎样的包装是最合适的。

一、包装的形式众多

包装的形式非常多，几乎每一种行为都可以称得上是一种包装形式。我们每个人都会给别人留下一定的印象，这种印象其实并不一定是最真实的，它们

都是包装之后的产物。给别人留下印象，对我们的形象造成影响的内容，都可以视为包装。

> 某主播在刚开始做直播时没有名气，虽然也很努力地做内容，但"粉丝"数量就是上不来。为了把观众吸引过来，该主播决定包装自己。他的包装方法很特别，就是经常去一些人气比较高的主播那里刷礼物。在刷礼物之后，那些主播都觉得他是个很有实力的人，会帮他做宣传，让直播间观看直播的人给他点关注。
>
> 经过一段时间的包装，该主播赢得了不少"粉丝"。这是他原始的"粉丝"积累，也是他后来成为拥有众多"粉丝"的大主播的基础。

包装的形式各种各样，最重要的就是让自己在别人眼中的形象向着既定的方向发展。如果你想把自己包装成一个有趣的人，就多讲点笑话段子，经常开开自己的玩笑；如果你想把自己打造成比较专业和高端的人，就要特别注意直播内容，让自己的直播内容更有格调。

二、包装是"烧脑行为"

包装肯定是烧脑的。很少有人一次就找对包装自己的方向，也很少有人一次包装就会取得非常好的效果，大部分人的包装过程都是"摸着石头过河"，经过反复实践之后，才最终确定了适合自己的风格。

怎样包装自己才合适，才有吸引观众眼球的效果，这是一个需要不断思考的问题。有的人认为，现在比较流行的那些内容，那些受到观众喜爱的风格和形象是最好的，甚至已经成为一种约定俗成的"规矩"，于是所有的包装都

朝着这个约定俗成的"规矩"的方向去做。这种想法有道理，但并不一定完全正确。包装不能墨守成规，有时候打破主流的审美观，反而能够异军突起。比如，在以传统歌曲为主流的背景下，说唱突然受到很多人的喜爱。

在对自己进行包装时，主播一定要肯动脑筋。烧脑之后得出的结果不一定是最优结果，但一定比不烧脑得出的结果更有含金量。

在大多数主播都走搞笑路线时，某主播认为自己不适合走搞笑路线。他天生不是一个喜欢搞笑的人，做搞笑类内容时总显得不自然，观众也无法对他的内容产生共鸣。经过反复研究，该主播决定对自己进行重新包装，向观众展示一个不一样的自己。

他的人生经历比较丰富，平时也喜欢思考问题，他就想把自己总结出的一些生活经验分享给大家。一般来说，大部分主播在制作短视频时，都是自己出镜或者拍摄一些现实中的场景，他却把整个背景做成黑色的，在黑色的背景上显现出文字，自己则做一个讲述者。在每一个短视频中，他都告诉大家一个他在生活中悟到的道理。

他用短视频把自己包装成了一个有文艺气息又有内涵的人，在直播当中，他并没有直接露脸，而是戴着一个卡通人物的面具，给大家解答生活中的困惑。观众看了他的直播，记住的是他充满理性和智慧的、低沉而有磁性的声音，获得的感受非常奇特。

该主播把自己包装成了一个与众不同的样子，很快就收获了一大批"粉丝"，成了一个人气很高的主播。

在直播时怎样对自己进行包装？这个问题不但要看当前的直播环境，还要看自己的定位，要经过反复思考，得出好的结论。这个过程一般是烧脑的，不能偷懒。正如例子中的这位主播，他就是根据自己的情况，找出一开始直播时人气不高的原因，最终想明白了该怎样包装自己。

在诚实的基础上高调起来

做直播太低调了不行，那样观众很难注意到你。要想成为高人气的主播，你就必须高调起来，想办法让观众看到你、记住你。不过，在这个过程中你一定要诚实，别在观众面前说谎，否则一旦被观众拆穿，就会大失人心。在诚实的基础上高调起来，你的直播内容才能变得更有吸引力。

刘某自己开了一个公司，是一个小老板。他在平时工作之余，还在直播平台上做直播，宣传自己公司的产品。坚持直播了几个月之后，刘某发现虽然自己很努力，但直播的效果始终不太好。他见自己的"粉丝"数量一直上不来，心里很着急。后来经过一番咨询，刘某知道了问题出在了哪里。原来是他直播时表现得太低调了，对自己公司的产品显得没有自信，最终没能引起观众的注意。

刘某一开始认为在直播时应该表现出真诚，应该诚实地面对观众，自己的产品是什么样的，就原封不动地展现给大家。通过咨询，他知道应该在诚实的基础上适当高调一些，必须要有一个信念，就是把自己的公司做

大做强，让自己的品牌变成知名品牌。有了这个信念之后，他的底气更足了，在直播时说话做事的感觉也就不一样了。

刘某不再把自己当成一个小老板，而是把自己当成未来大公司的大老板。在介绍自己的产品时，他显得很自信。当有人想从他这里买东西时，他表现得非常沉稳，对大客户也不会表现出卑微。

渐渐地，很多观众都认可了刘某，觉得他的公司实力不错，认为他是个很有目标、很有追求的老板。一些潜在的大客户看了刘某的直播，觉得他很有气场，是个值得信赖的人，想要跟他合作。就这样，刘某赢得了几个大客户的青睐，用直播把自己和自己的公司推销了出去。

在直播营销时，你一定要多做高调的事，这样才能让观众注意到你并认可你，小老板才会有机会成为大老板。这种高调不是自吹自擂，而是该自信的时候一定要自信。要让人认为现在公司虽然不大，但前景非常好，要给人一种"这个公司很厉害，未来可期"的感觉。

在直播时高调一点，不但能够吸引观众的目光，进而留住观众，还能让观众对你产生一个好的印象。当所有人都觉得你很好时，你自己也会变得更自信。大客户从来不会轻易选择合作伙伴，他们一定会进行筛选。这时候，潜在的大客户看到你直播时的表现很好，就可能产生和你合作的想法，机会就来了。

高调很重要，高调才能让人产生你很强大的感觉，才能吸引观众并征服观众的心。没有谁在一开始创业的时候就很厉害，大家都是从弱小逐渐走向强大的。在弱小的时候，你一定要高调，在强大以后才可以低调。等你努力将自己的规模提升上去，将自己的品牌做起来时，影响力自然就有了。

在直播时表现得高调一点，先抢占观众的心，再慢慢成长起来，这是最好的做法。没有人会等待你成长，你需要在一开始就表现出一副很厉害的样子，让别人知道你是有未来的，也让他们知道你的能力足以撑起你的未来。

要想高调起来，得学会科学地"秀"自己。有的人喜欢把自己隐藏起来，在别人眼里显得很低调或者很高冷。这在平时的生活里没关系，但在直播营销中很难行得通。做直播营销时，你最好经常"秀"自己的工作、自己的生活，这样别人才能更了解你，认可你。

　　张总是做不锈钢产品的。他刚开始做直播营销时，别人点进他的直播间后，对他直播的内容表示"不感冒"，认为不锈钢没什么厉害的。张总虽然不算是个大老板，但很懂得"秀"自己。他告诉观众，做不锈钢产品其实很有前途，生活中根本离不开不锈钢产品。然后他又介绍了很多不锈钢产品的知识，让观众听了大开眼界。

　　张总知道如果只是嘴上说，观众并不能完全相信自己。他经常在直播间"秀"自己的工作状态和生活状态，让观众知道他说的话都是真的。比如，他会在直播时展示工人上班时的状态，让观众看一看他的厂子。有时候，他和一些客户去吃饭，在吃饭时直播，也会让那些客户和观众说几句话。张总有时候因为工作忙，晚上会加班，他就一边加班一边直播，并告诉观众，虽然很累，但心情很好，因为累是由于厂子的订单多、生意好。

　　看张总直播的人一开始对他将信将疑，后来逐渐对他有了全新的认识，也认可了他的实力。如果有观众需要不锈钢产品，就会从他这里购买，比如不锈钢电动伸缩门。

就像例子中的张总一样，做直播营销时要在诚实的基础上高调起来，让观众看到一个很有实力的你，这会让观众更愿意相信你。

做直播营销时，观众只能通过镜头了解你，他们无法看到生活中的你。你必须把镜头充分利用起来，向观众展示你的方方面面。当你学会在直播时表现高调时，你就能吸引到更多的观众，把直播营销做得更好。

向名人借势是包装的智慧

直播营销中，对自己进行包装时可以借助名人效应，懂得向名人借势是一种包装的智慧。名人拥有很多"粉丝"，也拥有很高的关注度，向他们借势不但能够让自己显得强大，还可以借助他们的人气为自己赢得更多观众和"粉丝"，一举多得。

很多做主播的人，彼此之间是互相追捧的，互相踩压的一般很少。这就是一种包装的智慧，他们用相互追捧来彼此借势。"合则力强，分则力弱"，这个道理大多数主播都懂，所以我们经常看到，这个主播直播时，会连麦另一个主播，也有可能去另一个主播那里"查房"（主播点进另一个主播的直播间，去看看别人在播什么，顺便刷几个礼物）。现在，很多主播还会在直播时和其他主播PK，在几分钟的时间里，看谁得到的观众礼物多，输了的就要接受一定的惩罚，比如唱歌、扮丑等。

主播通过与其他主播形成一个圈子，借助对方的力量将自己发展起来，这就是"一个篱笆三个桩，一个好汉三个帮"型的包装智慧。有时候，一个交际圈里的某个主播火了，成为人气很高的大主播，成了名人，那么往往他圈子

里的其他几位主播也会跟着沾光，很快火起来。这种看似"天上掉馅饼"的情况，其实是长期借势包装的结果，并非偶然。

向名人借势中的"名人"不但指已经成名的大主播，也指各个认真做直播的小主播。就算是借助小主播的势，圈子大了，对你的关注度自然也就上来了。何况直播界的名人都是从小主播一步一步走过来的，在他们是小主播时就结识他们，比他们成了大主播以后再结识要好得多。

> 小梦是一位大学声乐老师，在教学之余她也在直播平台上做直播，免费给观众讲一些音乐方面的知识。除了讲课之外，她还向观众出售她编写的一本声乐专业教材。
>
> 刚开始做直播时小梦的人气并不高，这时她的几位同事也在做直播。小梦经常和几位同事连麦，有时候会PK唱歌。有活动的时候，她还和同事一起到户外唱歌，很能带动直播的气氛。
>
> 小梦和几位同事彼此借势对自己进行包装。在她们的共同努力下，每个人的人气都有了很大提升，直播营销时卖出的书也越来越多。
>
> 过了一段时间，小梦的名气不断提升，成为小有名气的名人。在小梦成名之后，她的几位同事也随之受益，"粉丝"数量又增长了很多。

例子中的小梦和自己的几位同事互相借势进行包装，不但让自己更强大，还把力量聚集起来，收获了更多的"粉丝"。在小梦成名之后，她的几位同事也从中受益，这就是借势包装的好处，它能汇聚弱小的人的力量，让每个人都变得强大起来。

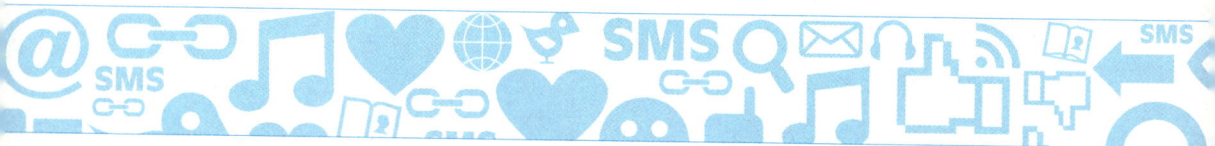

除了向主播中的名人借力之外，你还可以向真正的明星借力。不过，这种情况比较少见，通常只有那些本身就和明星有联系的人，或者是已经成名的大主播，才能够请明星来为自己助力。

一些直播平台为了做营销，会找明星做直播，有不少明星都做过直播，比如陈赫、周杰伦、林俊杰等。在明星做直播时，他们往往会找其他明星来借势，对自己进行包装。这样一来，他们直播时的观众就会更多。而一些知名的主播，也会找明星来提升直播间的人气。

> 某女主播的名气很大，拥有很多"粉丝"。有"粉丝"说她和一位女明星长得有点像，于是她就在一次直播时，和这位女明星一起出镜了。
>
> 原来在这之前，这位女主播参加了一个活动，在后台遇到了那位和她长得像的女明星。女主播觉得这是个好机会，就去和女明星商量，看能不能在她的直播间露露脸。女明星很善解人意，就答应了她。通过这次和女明星的互动，该女主播的知名度更高了，"粉丝"也觉得她很有能力，对她更喜爱了。

通过名人来对自己进行包装，这是非常好的事。当人们看到一个陌生的主播时，对他很难瞬间建立起信任，如果这时候人们发现自己熟悉的名人也和这个主播有互动，通常很快就会接受这个主播。

就像某些品牌会找明星代言一样，主播也要学会用名人来对自己进行包装。这些名人可以是人气比较高的大主播，也可以是影视明星，还可以是某些行业比较权威的人物。如果实在无法和这些真正有名气的人建立联系，就联合

一些小主播，形成一个圈子，大家相互借势，互相包装。

总之，你一定要明白不要一个人去战斗的道理，要多借助别人的力量，大家相互扶持、相互借力，才能走得更快更远。

包装绝不能以欺骗"粉丝"为目的

在直播营销活动中，主播要懂得对自己进行包装，在观众面前展现出一个强大的自己。但是，有些主播通过包装来欺骗"粉丝"，塑造出一个虚假的形象来，以骗得"粉丝"的喜爱。这种行为是不可取的，包装绝不能以欺骗"粉丝"为目的。

任何虚假的事物都只能维持一时，无法长久，用包装来欺骗"粉丝"也是如此。当一个主播的人气是靠欺骗得来的，一旦他的谎言被拆穿，就将会失去"粉丝"的信任，很有可能会从一个人气火爆的主播，瞬间跌落深渊，再也爬不出来了。

网络直播中最难建立的就是信任，一旦信任破碎，就无力回天。那些用包装来欺骗"粉丝"的主播，在谎言破碎之后很少有再火起来的。如果你真的想把直播营销做下去，就不要做这种竭泽而渔、自断后路的事。

> 小沫是个做直播营销的女孩，她主要经营化妆品。在直播的时候，她会精心打扮自己，让"粉丝"们看到一张妆容精致的脸。同时，她向"粉

丝"们保证，自己从来不开美颜和滤镜。"粉丝"们都以为镜头前的她就是她化妆之后真实的样子。

小沫本人长得很漂亮，她向专业的化妆师学过化妆技术，化妆的水平很好。小沫在直播的时候，大多数"粉丝"都夸她漂亮。小沫告诉这些"粉丝"，她用的化妆品就是自己卖的产品，这些产品很好，只要会化妆，就能让人变成大美女。"粉丝"们听了小沫的话，都积极购买她的产品。

小沫的"粉丝"越来越多，营销业绩也越来越好。就在这时候，她的直播突然出现了状况，一次她没有打开美颜和滤镜就开始直播了，结果"粉丝"们看到了一个和以前不一样的她。小沫很快就发现了自己忘记开美颜和滤镜，连忙打开，但这时已经迟了。

很多"粉丝"质问她以前是不是在说谎话，她看起来美其实是美颜和滤镜的功劳，和她卖的化妆品没有太大关系。小沫一开始还硬撑着不承认，最后"粉丝"把刚才直播的截屏和她以前的样子进行对比，指出了很多不同。在事实面前，小沫不得不承认，她以前确实骗了"粉丝"，她并不是靠化妆品把自己打扮得那么漂亮的，一切都是她用美颜和滤镜对自己进行包装的结果。不过，她向"粉丝"保证，她卖的化妆品绝对是很有效的。

然而，"粉丝"们已不再相信小沫的话，很多"粉丝"选择了离开。小沫直播间的人气一下子跌落到了谷底，她卖的化妆品也变得销量惨淡。

例子中的小沫用美颜和滤镜把自己包装成"粉丝"眼中的大美女，却让"粉丝"以为她是用化妆品达到这种效果的。这种做法虽然能让"粉丝"们去

购买她的化妆品，却是欺骗"粉丝"的行为。等到"粉丝"发现被她欺骗的事实后，就纷纷离她而去了。

无论是多有人气的主播，只要有欺骗"粉丝"的行为，都将面临丢失"粉丝"的代价。在做直播营销时，主播可以对自己进行包装，但一定不要用包装去欺骗"粉丝"。

小欣是一个做游戏直播的主播。一般的游戏主播都是玩游戏很厉害的高手，但是小欣的水平不高，和普通的游戏玩家差不多。小欣并没有欺骗大家说她的实力很强，她把自己玩游戏水平不高的情况如实告诉了大家，她希望大家在看她的直播时能够得到快乐，而不是学到玩游戏的技巧。

小欣的诚实让很多人开始喜欢她，她在游戏当中不是以取得胜利为目的，而是想寻找各种各样的趣味。比如，别的游戏主播都想在单机游戏里通关，她则专门在游戏里寻找各种彩蛋。有的主播在玩游戏总是输掉时心情不好，甚至气得摔键盘。遇到这样的情况时，小欣却心平气和，还请观众帮忙记录自己失败的次数。

小欣的直播总是很有趣，能带给观众欢乐。有的观众喜欢在紧张的工作之余看她直播时发生的各种糗事，以此来释放压力。小欣表示很愿意成为观众的"出气筒"，用自己的"惨痛"游戏经历，换来大家的开怀大笑。

小欣的真实让她赢得了很多"粉丝"，她在直播时顺便营销她的机械键盘和鼠标，有时候也会为一些小游戏打广告。"粉丝"对她推荐的内容都很喜欢，纷纷通过购买产品或去玩她推荐的游戏来支持她。

在上述例子当中，小欣并没有掩盖自己玩游戏技术不好的事实，也没有把自己包装成一个游戏高手。她向"粉丝"展示了一个真实的自己，在直播时展现技术不太好的游戏过程，给"粉丝"们带来了欢乐，也赢得了"粉丝"们的喜爱。

一个主播无论怎样包装，都不能欺骗"粉丝"，否则一旦被"粉丝"发现，后悔就晚了。欺骗"粉丝"是严重的不良行为，它会将主播和"粉丝"之间好不容易建立起来的信任瞬间打破。"粉丝"们可能会因此不再喜欢主播，而主播的名声也可能会变得很差。

主播应该展示真实的自己，使用一些影响"粉丝"判断的包装手段时，要向"粉丝"说明，不能欺骗"粉丝"。比如，有的女主播脸比较大，会用头发遮挡一下，显得脸小一点。但是她并没有向"粉丝"掩盖自己脸大的事实，当"粉丝"问起这件事时会如实回答。这就不存在欺骗"粉丝"的行为，不会令"粉丝"产生反感。

主播不欺骗"粉丝"，"粉丝"才会真心喜欢主播。主播可以在镜头面前把自己包装得很好，但在"粉丝"面前一定要卸下伪装，展现出最真实的自己。

第2章

▶▶

独特：让直播营销
具有超强的吸引力

这几年直播行业持续火爆，直播平台众多，做直播营销的人数不胜数，要想从众多的竞争对手当中脱颖而出，十分不容易。而独特能够让你与众不同，令你的直播营销具有超强吸引力。

明确并发挥自己的优势

在直播时，你应该向"粉丝"展示最好的、与众不同的自己，这样才能产生独特魅力，留住观众的目光。为此，你应该在开始直播营销之前，明确自己的优势，并在直播营销时将这种优势充分发挥出来。

善用物者无废物，善用人者无废人。每个人都有自己的优势，只看你有没有发现它。有的人天生有一副好嗓子，他可以通过唱歌吸引观众；有的人做别的不行，但是说话很搞笑，就可以做搞笑类的直播内容；有的人游戏打得好，可以通过直播玩游戏收获"粉丝"；有的人眼光很好，思维逻辑缜密，他在直播时给观众解答一些问题，也能赢得观众的心。

不管你有什么样的优势，你都要找到它，并想办法在直播中将它发挥出来。在你没找到这种优势之前，你可能觉得自己哪里都比不上别人。一旦你找到这种优势，并将它发挥好，你就会发现，你也可以成为万众瞩目的直播新星。

> 小A是一个游戏主播，他主要直播玩《英雄联盟》。

一般情况下，做这类竞技游戏的主播，打游戏的技术都比较好。通常主播们都会在直播时打赢游戏，而且会打一些高端局（游戏中段位比较高，一起玩游戏的人技术相对较好的对局），这样更能赢得"粉丝"们的喜爱。

小A的技术不算很好，打高端局比较吃力，所以无法像那些高手一样总是打高端局。小A会打一些低端局（游戏中段位比较低，一起玩游戏的人技术相对较差的对局），并在低端局打出比较好的成绩。

观众在看小A直播时，知道他打的是低端局。但是没关系，小A在直播时经常会一边玩游戏一边和观众调侃，就像在说相声一样，非常搞笑。观众看他的直播，不仅仅是在看他玩游戏，还在听他说话。久而久之，观众喜欢上了小A的直播风格，即便他打游戏的水平一般，还是喜欢他。

小A在直播打游戏的同时，还在淘宝上开店卖衣服、鞋子之类的东西。凭借幽默的语言，小A赢得了很多"粉丝"，同时也把自己的淘宝店做得风生水起。

例子中的小A把直播营销做得很好，关键原因是他找到了自己的优势，并将这种优势充分发挥了出来。如果他一味去向别的游戏主播学习，非要提升自己的游戏技术，最后可能废了很大力气，却无法收到好的效果，毕竟游戏技术并不是一天两天就能练出来的。他剑走偏锋，从自己有优势的语言方面入手，以幽默的游戏风格赢得观众的喜爱，最终把直播营销做好了。

幽默在直播中总是能够产生非常好的效果。在直播中让观众轻松地笑起来，对赢得他们的喜爱有很大的帮助。其实除了幽默之外，强调逻辑性的理性

思维也能够赢得观众的喜爱。就像有不少人喜欢看悬疑剧、侦探剧一样，人们对这类能给大家讲道理的主播也情有独钟。

小陈想要做直播，但是她没什么特别的才能，不知道自己做直播行不行。她是某文化公司的职员，平时喜欢自己写点东西。她的逻辑性比较强，遇到事情很会分析。她的好朋友劝她可以从这方面入手，在直播时给观众当"顾问"，解答一些观众生活中遇到的问题，顺便把自己写的书推销出去。

小陈觉得这是一个好办法，就开始做谈话类型的直播。她就像是一个"知心姐姐"一样，给观众解答各种问题。有时候，观众在生活中遇到了不开心的事，也会找她倾诉。渐渐地，小陈直播间的人多了起来，也积累了一些"粉丝"。

小陈觉得在直播时让观众叙述他们的问题不太方便，就给观众留了一个邮箱，让观众把需要咨询的问题发到她的邮箱里。收到邮件之后，小陈先把邮件看一遍，然后直播时把这些邮件拿出来读，读过之后帮大家分析和解决问题。

小陈的直播间越来越火，观众都觉得她是个非常知性的人，很愿意向她倾诉。小陈在直播时向观众推销自己写的书，告诉他们自己把平时的一些想法都写到了书里，这本书可以帮助大家开拓一下思路。观众相信小陈写的书不会差，纷纷订购她的书，有时候一次直播就能有上千本书的订购量。

　　直播营销可以有各种各样的形式，它没有具体的限制。如果你想要做直播营销，就应该根据自己的优势去决定以什么形式做，而不是刻意模仿其他主播。例子中的小陈虽然没有其他主播的才能，但她有思维上的优势，独辟蹊径，选择了谈话类型的直播，最终取得了不错的直播效果，也把直播营销做得很好。

　　做直播营销的人太多了，要想从众多的主播中脱颖而出，你一定要做得比较优秀。如果没能好好挖掘自己的优势，你会很容易被淹没在众多的直播营销内容当中。发挥自己的优势，等于赢在了起跑线上，这样在直播时不断努力，你通常就可以做得比别人更优秀。

在渠道上差异化发展

这几年直播行业太火爆了，人们在做直播营销时，会遇到很多竞争对手。要想让你的直播营销更出众，你应该在渠道方面进行差异化发展。

当你也在另一个直播平台上做直播营销时，就等于多了一条腿走路；当你在一个同行很少去的平台上做直播营销时，就等于自己制作了一块新的蛋糕，不用总和别人抢蛋糕。

现在几乎全网都在做直播营销，这时候不要急着跟风。环境越是嘈杂，内心越要保持冷静。只有冷眼旁观，你才能做出更理智、更正确的选择。当你看到大部分人都挤到一个渠道上去了，就像是千军万马过独木桥一样，你要小心。如果你想都没想就冲了过去，你就会和他们一样挤在那里动弹不得。

如果一个渠道已经接近饱和，它留给你的市场空间就不大了。你可以有两种选择：一种是在更多的平台上发展，只要在一个平台上发展得好，你就会成功；另一种是看准一个竞争较少或者根本没有竞争的渠道，到那里去发展。

> 采乐专业去屑洗发露，很多人都知道。采乐准备进入市场时，市场上

已经有很多大品牌了，比如飘柔、海飞丝等。在传统的渠道上和这些大品牌竞争，显然不容易取胜，这样强行进入市场也是不理智的选择。

采乐非常厉害，它选择了在渠道上进行差异化发展。大部分洗发水都选择在商场、超市出售，在这些地方，人们总是能看到琳琅满目的洗发水。采乐刚进入市场时并没有进入商场和超市，而是进入了药店。在药店卖洗发水，这避开了竞争最为激烈的传统渠道，让品牌得以生存。而且，采乐是功能性洗发水，具有很好的去屑功能，在药店出售很合理。

最终，采乐去屑的功能被消费者认可，采乐这个品牌也在消费者心中树立了起来。

假如采乐一开始没有走渠道差异化发展的道路，还是走传统渠道，它有可能就被其他品牌的洗发水排挤掉了。采乐非常聪明地选择了药店渠道，剑走偏锋，一下子避开了其他品牌的锋芒，让自己活了下来，并且异军突起，在消费者心中留下了强力去屑的印象。

采乐的例子属于传统营销范畴，但道理和直播营销是相同的。做直播营销时也是这样，避开最拥挤的渠道，也就避开了很多竞争和攻击。这样就能让自己生存下来，为自己的发展壮大赢得宝贵的时间。

某主播在某直播平台上做直播营销，他准备先用搞笑的内容来吸引观众，等有了一定数量的"粉丝"以后再开始做营销。但是事情并没有他想得那么简单，平台的竞争非常激烈，他很难有出头的机会。

为了被更多的观众认识，该主播开始在其他网络平台上发布自己的内

> 容。他将制作好的一些视频发布到各个网站上，包括优酷、哔哩哔哩、快手、抖音等，进行多渠道发展。他每制作一个视频，就同时发布到各个网站上。经过一段时间，他发现在快手上的"粉丝"数量多了起来，立即把发展的重心放在了快手上，并逐渐在快手上发展起来。

例子中的主播选择了多个渠道同时开花，只要所选的这些渠道中有合适的，就能够快速崛起。

多渠道同时发展虽然是个不错的方法，但毕竟会分散自己的时间和精力。有时候，一些平台可能还会限制同一个主播在不同的平台上直播，这就会遇到很多障碍。

与同时在多个渠道上发展相比，选好一个值得发展的渠道，然后全力以赴把这个渠道做好，是一种更好的方法。在选择渠道时，你应该从两方面去判断，一方面是这个渠道的竞争是否激烈，另一方面是这个渠道有没有发展的可能。

> 某主播主要做游戏直播，一开始在网络游戏区做直播。当时他认为网络游戏是最火的游戏，选择这个渠道准没错。但一年直播做下来，他发现这个分区实在是太难做了，竞争太激烈，新人很难活下去。
>
> 为了能够尽快发展起来，该主播选了另外一个渠道，他去了单机游戏区。相比于网络游戏，单机游戏没那么高的人气，但是没关系，只要能够发展起来就行。他在单机游戏区努力直播了一年，逐渐积累了一定的"粉丝"，最终成了一个颇有名气的单机游戏主播。

在合适的渠道上进行差异化发展，能够让你的努力变得更有成效。与其和别人挤在一起，去抢一个几乎已经饱和的市场，不如选择另外的渠道，开辟另一个市场。

在做直播营销时，头脑一定要灵活，看准了渠道再做，别陷入困境中还不懂得改变渠道进行发展。

让盈利模式变得独特

做直播营销时，除了要在渠道上进行差异化发展，还要让你的盈利模式变得独特。

主播拥有众多"粉丝"很重要，但当主播拥有了很多"粉丝"以后，还要有合理的盈利模式，这样才能将"粉丝"经济变现。独特的盈利模式往往能够带给主播稳定的收入，让主播走得更远。

在直播平台上做直播，会有观众送礼物，这是很多主播的经济来源。尤其是那些只做直播不做营销的主播，观众送礼物就是他们主要的盈利模式。但是，无论在哪一个直播平台，高人气的主播都是少数，大部分主播都默默无闻，或者说人气一般。人气不太高的主播，收获的礼物不多，还要被直播平台抽成，到自己手里的钱就更少了。

> 某直播平台的盈利模式是从主播收到的礼物中抽成50%。主播从观众那里收到的礼物，有一半要被平台拿走。
>
> 在直播时做营销，可以在直播间挂上淘宝的链接。点击直播间里的链

接进入淘宝店铺，顾客就可以挑选和购买商品了。这是一种盈利模式。

直播平台的盈利模式还有很多种，比如在快手上就有信用卡。快手上的信用卡使用非常方便，所以受到很多主播的青睐。快手的后台会对主播的稳定性和活跃度进行监测，快手的信用卡则根据主播的这些属性，给每个主播匹配信用卡的额度。主播可以将信用卡的额度直接转化为礼物，转化为礼物之后，往往主播又会把礼物刷在快手平台上，最终快手平台又赚到了钱。好在快手平台会给主播提供一些保险，如果主播赚到的钱太少，平台会有所照顾。

大部分直播平台都有它自己的一种盈利模式，如果主播完全局限于直播平台的盈利模式，就完全是在给平台打工，自己很难赚到大钱。

做直播营销，你可以跳出平台的限制，让自己获得更多的营销所得。但是，做直播营销也需要考虑盈利模式的问题。这主要看你所营销的是什么商品，根据你的商品合理选择盈利模式。

张姐是做家政服务的，她经常在直播平台上做直播，但是并不卖产品，而是专门给同城的观众提供家政服务。她会在直播时和观众聊天，并推销自己的家政服务，如果有人需要家政服务，她就会告诉对方联系方式，然后私下联系。由于是上门提供家政服务，她不需要在直播平台上产生交易行为，也就不用担心直播平台的抽成。

张姐做家政服务很认真，做得很好，因此赢得了很多人的喜爱。张姐直播时并不向观众索要礼物，她只要求那些觉得她服务质量好的人给她

点个赞或加个关注。由于张姐的家政服务做得很好，她的"粉丝"越来越多。通过这种方式，张姐把线上线下有效结合起来，将直播营销做得非常成功。

做直播营销时最重要的就是盈利，无论你使用什么样的盈利模式，关键是要让利益最大化。像例子中的张姐那样，根据自己营销的内容，选择独特的适合自己的盈利模式，才是更科学的直播营销方法。

不过，并不是每个做直播营销的人都能提供线下服务，直播营销的主流方式还是在线上卖产品。为了获得更高的盈利，除了在直播间挂淘宝等电商网站的链接之外，主播还可以经营自己的微信群或者QQ群，现在微博也有建群的功能。建群以后，你可以在直播间把自己的"粉丝"拉进群里，有什么营销活动在群里直接通知大家，这样就可以避免和直播平台产生直接的联系，也就可以防止被直播平台抽成了。

直播平台是一个展示自我的平台，同时也是做营销的平台，把它和交易平台区分开，就能让交易利润变得更大。如果你有线下门店，那就更好了，可以一边做直播，一边经营线下门店，对于观众已购买的产品，你可以直接发货，甚至可以让同城的观众到店里来买东西。

总之，盈利模式应该是灵活的，需要根据你的具体情况来定。你可以不断变换盈利模式，让自己所获的销售利润更大，这样你直播所付出的辛苦才显得更有价值。

情商和口才也能让你独特起来

在现实生活中，很多人做事容易急躁，遇到问题时抗压能力太差。实际上，几乎所有能把事做好的人，都是耐得住寂寞的人。这种人往往很懂得思考，不会乱说话，他们中大部分人的情商和口才要比一般人好。

高情商不仅表现在与人相处时，还表现在面对问题，尤其是承受压力的时候。情商高的人在遇到压力时，会表现得更加沉稳和淡定。情商高的人，会在遇到问题时找解决方法，在情绪上扛得住。情商低的人往往在情绪上扛不住，导致很多事情做不成。

我们经常说"这是一个最好的时代，也是一个最坏的时代"，好在机会很多，坏在每一个机会都不那么容易抓住。现在有太多的机会，你尽可以去努力，但这个时代信息量太大，大到你没有精力、没有心思去认真选择和思考。人们往往一开始信誓旦旦、信心爆棚，遇到挫折之后又会迅速心灰意冷，情绪上大起大落。

在做直播营销时也是这样。很多人一开始信心满满，觉得自己用不了多久就会变成人气非常高的大主播。然而几个月过去了还没有起色，他马上就心灰

意冷了，开始怀疑自己的能力。

情商高的主播不但能处理各种紧急情况，保证直播时的良好氛围，而且能在直播没有太大起色时稳住心态。

阿紫是一个卖图书的主播，她经常在直播间向观众推荐好书。但是，现在人们已经很少看书了，大多数人每天只看手机。阿紫直播了几个月，"粉丝"量增长十分缓慢。

如果换作别人，可能早就心灰意冷了，但是阿紫没有。她依旧在每天固定的时间直播，就像是陪伴自己的好朋友一样，陪伴着为数不多的观众。

阿紫的坚持，让她最后收获了不少"粉丝"。一些"粉丝"对她说，在这个时代，节奏太快，快到很多东西理解不了、消化不了。阿紫的直播，让他们从忙碌的生活中抽身出来，仿佛进入一个独特的小天地。在这里，他们可以静下心来思考问题，可以静静听阿紫读一篇文章。如果不是阿紫，他们很长时间都不会去读书，是阿紫让他们重新领略了书里面的理性和智慧的芬芳。

阿紫虽然没有像一些大主播那样拥有几十万"粉丝"，但她的"粉丝"对她非常忠诚。这些"粉丝"一直在购买她推荐的书，默默支持她。阿紫不但把生意做得越来越红火，还交到了不少朋友。

在快餐文化盛行的今天，读书已经变成了一种奢侈。阿紫在没有多少观众的情况下，还能继续坚持做读书直播，说明她的情商很高。她能从这种情况当中，解读出观众需要的是什么。当她觉得自己孤独时，支持她的观众肯定也是

孤独的。互相理解、互相扶持，这就是高情商的一种表现。情商本来就是能够推己及人的一种素养。

情商能够让一个人显得独特，口才也能让一个人显得独特。人们经常说"好看的皮囊千篇一律，有趣的灵魂万里挑一"，有趣的灵魂往往是独一无二的，而"有趣"通常需要用口才来展现。人们心里想什么，嘴上才有可能说什么，如果想都想不到，就不可能说出来。所以口才独特的人，一定也有独特的灵魂。

有的人觉得嘴皮子利索、说话快就是口才好，这种观点是错误的。口才最主要的表现是将储备的知识用话语表达出来。假如你知识能力欠佳，还不如口才差点，少说话，因为话一多就会得罪人，"祸从口出"说的就是这种情况。

嘴皮子利索的主播有很多，但他们并不都是口才好，不然他们全都变成"网红"了。一个真正口才好的人，说出来的话会让人感到舒服，让人愿意听。那些说话语速快的人，很可能并不是口才好的人。他们可能是因为内心很急躁，说话才那么快，别人还没听清楚，就已经把话说完了。

某主播的口才非常好，无论遇到什么事情，他都能靠语言把事情给圆过去。一次，他的"粉丝"和普通观众在语言上起了冲突，他立即对大家说："观众就像是来家里做客的客人，你们待客要礼貌热情啊！怎么还起冲突了呢？你们知道我把'粉丝'当成什么吗？我把'粉丝'当成自家孩子一样，所以看到'粉丝'攻击别人，我就想把他拖出去打一顿。恨铁不成钢啊！"

　　"粉丝"和普通观众起了冲突，主播如果坐视不管，就会影响直播间的气氛，但如果处理不好，就会失去观众缘，也有可能让"粉丝"寒心。该主播批评了自己的"粉丝"，却没有让人感到疏远，反而倍感亲切。

　　良好的口才不但让人显得独特，而且能体现出一个人的素养。锻炼好口才，知道什么时候该说什么话，在直播时就会表现得更有魅力。

在用户的痛点上进行创新

创新能够让人显得很独特，在直播营销时也是如此。创新不是没有方向地胡乱创新，而是要在用户的痛点上进行创新。这样的创新才更有力度，也更受用户欢迎。

寻找用户的痛点不是件容易的事。但在信息技术高度发达的今天，在大数据、云计算已经在很多领域应用的今天，寻找用户的痛点比以前容易很多。

在寻找用户痛点时，你一定要凭数据说话，而不是仅凭直觉。你应该去看行业数据，然后分析自己的数据，最后将用户分成A、B、C三级，把每一级的用户量统计出来并进行分析，通过自身的综合调整，你可以分别从A、B、C三个级别的用户身上找到能够促进增长的点和增长的量。最终，你可以调整产品结构，还能在一定的用户资源上实现收益增长。

用户在哪里有痛点，你就应该把力用到哪里，做出创新和改变，解决用户的痛点。在直播营销中，解决了用户的痛点，他们就会变成你的"专属"顾客。

做直播营销时，你一定要学会分析数据，因为这能让你看得更透彻。实际上销售工作就是在做数据，特别是在这个移动互联网时代，更是数据为王。数

据分为很多种类，用户量是一种数据，转化率是一种数据，成交量也是一种数据。几乎所有的分析都靠数据来进行，没有人会想当然地去分析情况。

当你看到用户量很大，转化率和成交量却不高，毫无疑问，用户的痛点没能解决，他们不愿意购买产品。这时候你必须分析他们的痛点在哪里；他们为什么没有购买你的产品，而是选择购买其他产品。把那种产品和你的产品进行对比，你就能发现用户最需要的是什么，然后你就有了创新方向。

在用户的痛点上进行创新，效果往往非常好。

> 腾讯一开始也是个小公司，它看到了一个痛点，就是人们需要免费的即时通信软件。于是，靠着QQ，它发展壮大起来。后来它推出了微信，解决了人们在手机上使用即时通信软件的痛点。

我们知道，腾讯的软件一开始也存在各种各样的问题。但是没关系，它们是在用户的痛点上进行的创新，即便有瑕疵，用户也会包容。实际上，用户对于帮助他们解决问题的人，总是会心存感激。对于这种帮助，用户除了会用金钱购买服务之外，还会对提供帮助的人产生一种情怀。只有帮助用户解决了痛点，才会令用户产生情怀，否则就只是单纯的交易关系。

> 某主播直播玩网络游戏，在直播的同时，他也给别人做"陪玩"。在团队型的网络游戏当中，会有一些主播做"陪玩"，也就是和用户一起打游戏，并收取一定的费用。一般的主播在陪用户玩游戏时，只是做好自己的事，当游戏结束时，用户的游戏技巧并没有得到提高。该主播看到了用

户的这一痛点，在陪用户玩游戏的同时，也教用户玩游戏的技巧，获得了用户的喜爱，很多用户甚至会多给他一些钱，算是付给他的指导费。

该主播如此认真负责的态度，使得他在游戏圈的口碑很好。他解决了用户的痛点，为自己赢得了更多的用户，生意也越做越红火。

在直播营销过程中，你不能只顾着做，还得多想。例子中的主播就是因为注意到用户除了希望别人陪他玩游戏之外，还想要提高游戏技巧，因此发现了用户的痛点，并在这上面进行创新，最终取得了不错的效果。

用户往往都会存在痛点，有的痛点可能已经存在了很久，就看你有没有发现它。平时多留心，看看用户对什么不满，这可能就是他们的痛点所在。在用户的痛点上进行创新，就能赢得用户的青睐。到时候，他们会主动帮你宣传，让你名声大噪。

直播营销不是谁最努力谁就能做得最好，有时候一个小小的创新胜过百般努力。多留心用户的痛点，多去改变和创新，你的直播营销会做得更轻松。

打造独特的网红产品

从互联网时代开始一直到今天，网红总是能够吸引人们的眼球。网红不仅可以是人，还可以是产品。在直播营销时，如果能将你的产品打造成独特的网红产品，你的营销活动将会事半功倍。

一个人成为网红，通常需要进行各种包装。产品同样如此，也需要进行包装，否则很难成为网红产品。

三只松鼠股份有限公司是中国第一家定位为纯互联网食品品牌的企业，也是目前中国销售规模最大的食品电商企业。"三只松鼠"这个品牌自创立以来，就以迅猛的速度不断发展，它的产品也成为备受瞩目的网红产品。

2012年，三只松鼠在天猫试运营期间，就完成了1 000单的销售量。仅仅一个月的时间，三只松鼠便成为天猫商城坚果类销售排名前50名中的一员。只用了63天，三只松鼠就取得了日销售1 000单、销售额约10万元的销售业绩。到第65天时，三只松鼠已经成为天猫坚果类销售的第一名了。在2012年"双十一"期间，三只松鼠更是达到了日销售766万元的新高度，创下了天猫食品行业单店日销售额的新纪录，是零食特产类销售的第一名。

三只松鼠瞬间火遍大江南北，几乎每个人都知道有这么一个神奇的网红品牌。它的名字听起来很好听，它的销量也非常大。

三只松鼠的产品能够成为网红产品，和它的包装有很重要的关系。

它从产品的筛选到产品的包装，都做得非常好，让人一看就觉得很卫生。它在宣传自己的产品时，也是朝着"质量过硬"这个方向去宣传。因此，在人们的印象当中，三只松鼠是包装漂亮，质量也好的品牌，它的产品成了人们喜爱的优质网红产品。

网红产品一定是经过精心包装的，只有经过精心包装，才能在人们心中产生特定的印象，成为受到更多的人喜爱的产品。三只松鼠很擅长包装，无论是产品的包装袋，还是在产品理念上的包装，它都做得非常好。

在做直播营销时，你也要努力包装自己的产品，把它打造成网红产品。

在打造网红产品这方面，小米公司的创始人雷军有很多值得学习的地方。小米公司是一个互联网公司，也算得上一个网红公司。它的产品小米手机，是非常典型的网红产品。

小米公司刚成立那几年，公司的产能不足，很多人想买一部小米手机却买不到。小米手机成了"一机难求"的网红手机。直到今天，小米手机

依旧受到很多年轻人的喜爱，所以它是一种名副其实的网红产品。

小米手机最初的口号是"为发烧而生"。它是属于年轻人的手机，但它简约而不简单。它的价格比其他品牌的手机低，质量却不比其他手机的质量差。高性价比一直是小米手机受欢迎的重要原因，也是小米公司一以贯之的产品理念。

雷军是个喜欢尝试新鲜事物的人，在直播火爆的时候，他也做直播。他的直播让小米手机这个网红产品变得更红了。

在一次小米的新品发布会上，雷军现场做起了直播。在发布会上，小米推出了针对印度市场的新手机。雷军在发布会上秀了一把自己口音浓重的英语，句子中也出现了一些有可能是有意为之的错误，将发布会现场的气氛带动了起来。雷军发给现场的印度"粉丝"免费的小米手环等产品，想询问大家对此是否满意，却说成了"Are you ok？"，一下子把所有人都逗乐了。

雷军经常在直播当中出现各种小状况，在把观众逗乐的同时，也让小米的产品更受人们的关注。小米手机以及很多其他小米产品都是网红产品，这离不开雷军的努力。雷军将小米的产品打造成了网红产品，赢得了大家的喜爱，也把小米产品的销量不断推向新的高度。

现在电商那么发达，人们可以很轻松地购买到同类型的各种产品，为什么偏偏要选择你的产品？答案就是你的产品与众不同。把自己的产品打造成独特的网红产品，你的营销工作就会很好做了。

在打造网红产品这一点上，雷军的技术可以称得上是炉火纯青了，从他身上，我们可以学到很多方法。在做直播营销时，用一些能够引起大家关注的事情，让你的产品有热度，同时注意产品的质量以及产品的理念，你也可以把自己的产品打造成网红产品。

第3章

▶▶

优质：用好的内容
吸引大量"粉丝"

是金子在哪里都会发光，优质的内容在哪里都不会被埋没。优质的内容能够帮你吸引大量的"粉丝"，而且这些"粉丝"往往会成为你的"铁粉"，不会轻易离你而去。相比于炒作得来的虚假人气，优质的内容能让你真正强大起来。

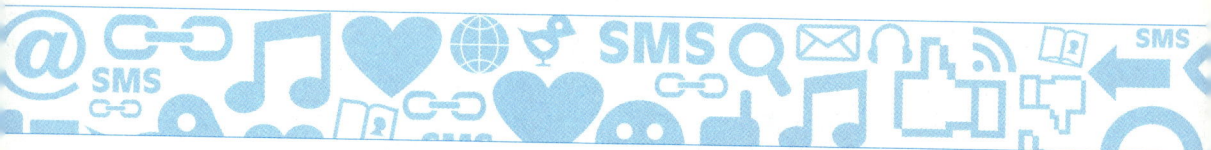

用户需要的是能解决问题的方案

要想把直播营销做好，你就要赢得用户的心。用户需要的不一定是看起来很华丽的内容，他们需要的是能解决问题的方案。主播提供的搞笑内容能够帮观众释放压力，和观众谈心能解开观众的心结，销售商品则能解决观众的实际需求。当主播解决了观众的问题，就可提升观众的转化率。

你所营销的产品本身并没有那么重要，关键是你的产品能帮助用户解决什么问题。帮助用户解决问题，这是产品的使命。如果不能帮助用户解决问题，这种产品就不再是产品，而是用户眼中可有可无的"废品"。

人们愿意购买一件产品，其目的是解决自己的问题。几乎所有的大企业都在想办法帮用户解决问题，而不仅仅是制造产品。越大的企业，提供给用户的解决问题的服务种类越多，提供给用户的解决方案越丰富。有的企业甚至还会帮助用户做深度分析，把用户潜在的需求也满足了，这就是放眼未来的企业。

用户有问题去解决，没有问题发现问题也要解决，这就是好的企业要做的事。小企业生产产品，大企业提供解决方案。大企业只做一件事，就是深度、多维度、透彻地帮助用户解决问题。

产品能帮助用户解决问题，用户就会更青睐。做直播营销时，主播能够帮助观众解决问题，就会提高观众的转化率，不需要你再做过多的营销工作。有时候，你不出售产品，观众甚至会主动要求购买。比如，当你总是能帮助观众解决心理上的问题时，观众可能会要求你出本书，之后进行购买；有的人直播教观众弹吉他，观众就要求他写作相关教程，甚至还会买他的同款吉他。

小红是个很喜欢绘画的人，为了和更多喜欢绘画的人交流经验，她经常在直播平台上直播绘画。小红的性格很好，和观众的互动非常愉快，受到了观众的喜爱，也收获了不少"粉丝"。

这些喜欢看小红直播的人，很多是喜欢绘画的，但没有学过绘画，还有一些是刚开始学绘画，对绘画只是略知皮毛。这些观众看了小红的直播，从中学到了他们想要学习的知识，绘画能力有所进步。

小红在讲解绘画知识时非常细致，也非常有耐心，过程也不枯燥，大大提升了观众的体验感。有"粉丝"就提议小红可以推出"从零开始学绘画"的课程，还希望小红能够卖她使用的那个品牌的画笔和画板。

小红觉得"粉丝"的提议很不错，就根据自己的直播经历，推出了一个绘画的视频课程，以比较低的价格卖给需要的观众。此外，小红开始在线销售她认为不错的几个品牌的画笔和画板。见她开始卖这些东西，观众都很高兴，认为她早就应该卖东西了。小红看大家这么捧场，表现得更加积极，无论是做课程还是做直播都格外用心。渐渐地，小红的直播营销做得越来越好，观众也越来越喜欢看她的直播，买她推荐的产品。

如果能够解决观众的问题，自然就能提升转化率。例子中的小红帮助观众解决了学绘画的问题，观众就很希望从她这里购买课程，从而实现了观众变现。小红的直播营销做得很好，并不是因为她多么了解营销知识，而是她切实解决了观众的一些问题。

> 小强家里承包了一片果园，在打理果园的时候，他经常用手机做直播。直播一段时间之后，小强收获了不少"粉丝"。
>
> 在直播当中，有"粉丝"认为现在市场上卖的水果都是打过农药的，不干净，吃着也不放心。小强觉得这是一个商机，就对"粉丝"们说，如果需要不打农药的水果，可以在他这里订购。订购的那一部分水果他不使用农药，保证吃得安全放心。
>
> 小强的这种销售策略推出之后，满足了一些观众的需求，有不少人开始下单。小强专门给这些人安排了果树，让他们看着自己订购的水果一天天长大。"粉丝"都说，这样买水果，就像是在线种植水果一样，不但放心，还很好玩。
>
> 小强这种营销策略做得很好，赢得了"粉丝"们的喜爱。"粉丝"们主动帮他做宣传，于是他的直播间便来了更多的人，整个果园几乎都被订购水果的人"承包"了下来。

小强满足了一些人想要吃无农药水果的需求，从而赢得了更多的顾客。像小强这样想着解决顾客问题的人，通常能够把营销工作做好，赢得顾客的喜爱。

其实观众和主播最好的互动，就是解决问题。在解决问题的过程中，观众和主播间产生了信任感，这比任何语言都管用。在做直播营销时，主播一定要帮助观众解决问题。

好的产品让营销底气十足

做营销时你可能会遇到让你感到底气不足的情况，比如顾客突然质疑你的产品质量，并提出很多非常尖锐的问题。如果你对自己的产品没有信心，有可能会被这类比较"刁钻"的顾客难倒。相反，如果你对产品信心十足，就可以非常明确地告诉顾客：不，不是你想的那样。

好的产品能让营销者底气十足，这一点对于直播营销尤为重要。在直播间做营销不同于线下营销，你会同时面对很多人。一旦你表现出怯懦的样子，就会对营销产生极为不利的影响。所以在做直播营销时，你最好选择优质的产品来卖，这样你会更有底气。

小琳是销售减肥产品的，她知道自己的产品质量很好，对产品也有全面的了解。小琳在销售时表现得很有底气，所以人们都比较信任她，也相信她的产品会很有效。

一次，做直播营销时，一位观众说吃了小琳的减肥产品不管用。小琳并没有慌张，她仔细询问这位观众的情况，并从对方的叙述中找到了原

因。原来，这位观众在服用了小琳的减肥产品之后，没有注意饮食，导致出现了反弹的情况。

接下来，小琳帮这位观众分析情况，告诉她接下来的一段时间继续吃产品，平时多锻炼，就能够看到效果了。观众听了小琳的分析之后，觉得很有道理，就不再有疑问了。

小琳在直播时遇事从来不慌，总是表现得很淡定，这让她产生了一种独特的魅力。她的魅力深深地吸引着"粉丝"，同时也让"粉丝"更相信她的产品。随着小琳的直播营销越做越好，"粉丝"对她的信任感也越来越强。

例子中的小琳对直播时的突发状况处理得很好，在化解危机的同时赢得了"粉丝"们的信任。小琳能够从容应对各种情况，源自她对自己产品的信任。如果她一开始并没有认真选择产品，或者选了质量不过关的产品，在被质疑时她自己心里也会缺乏底气，表现得可能就不会那么从容了。

在选择产品时保持慎重，挑选好的产品，这样才能在营销时更有底气。如果产品本身质量不好，在产品被质疑时主播又极力维护自己的产品，那就变成了欺骗"粉丝"，后果会很严重。

小胡是一个做吃播的主播，他通过直播的方式卖零食。本来他的"粉丝"已经积累了不少，但是由于他没有注意产品的质量，最后给自己带来了麻烦。

一次，小胡正在直播，有人在直播间发弹幕说他卖的肉松饼过期了。

小胡马上说这不可能，他给"粉丝"们发的零食都在保质期内，绝对不会出现这种情况。虽然那个人还在坚持说自己买到了过期食品，但小胡不再理他了。

这件事并没有就此过去，很快那个买到了过期食品的人就把他的经历传到了网上。这回几乎所有小胡的"粉丝"都知道他卖的零食出问题了，有人还表示自己也从小胡那里买到过过期的零食，只不过懒得找他说这件事。

小胡见这件事在自己的"粉丝"圈不断发酵，如果不赶紧解决，将会很难收场。他只好在直播时承认了自己的错误，说那次是因为订单太多，没有仔细核查，并保证这样的事情绝对不会再出现。然而"粉丝"们觉得被小胡骗了，很是气愤。他们觉得订单太多出点纰漏情有可原，但小胡强行为自己的产品辩白，对"粉丝"进行欺瞒的行为很难接受。

小胡因为这件事大失人心，丢失了很多"粉丝"，直播间的人气也严重下滑。

例子中的小胡因为产品出现了问题，而失掉了很多"粉丝"。其实事情本来不至于发展到如此糟糕的地步，只是小胡没有妥善处理好。当消费者对产品提出质疑时，不要急着否定他们的质疑，先查明事情真相，再决定如何应对。如果确实是产品出了问题，就应该对消费者做出补偿，而不是用谎言去掩盖事实。

好的产品让主播更有底气，而销售不好的产品是对消费者不负责任的行为，也会给主播带来各种麻烦。

产品是为了给消费者解决问题的，消费者有什么样的需求，就会有什么样的产品。质量好的产品能够更好地解决消费者的痛点，受到消费者的喜爱。直播营销就是一个逐渐用产品赢得人心的过程，所以你应该选择好的产品。

你销售了好的产品，等于在好产品和消费者之间建立起了一座桥梁，把产品和消费者联系了起来，这是在做好事，消费者其实会在内心感谢你。如果没有你的直播营销，消费者可能就接触不到这款好产品。如果你经历过一家好店关门歇业，想找个地方买东西而不得的情况，你就能体会到销售渠道的珍贵。

卖出好的产品就是在为消费者服务，就是在帮助消费者解决问题，他们自然会喜欢你、感谢你。这样，你在做直播营销时会很有成就感，也会很有底气。既然你选择了做直播营销，就要卖好的产品，在开始做直播营销之前好好挑选产品，别让消费者失望。

用更专业的知识征服观众的心

在做直播营销时，主播不但是一个销售者，还应该是一个解惑者。观众在购买产品之前，一般会有这样那样的疑问，有时候这些疑问会显得比较刁钻。这就需要主播拥有专业知识，这样才能为他们答疑解惑。观众心中的疑问消除了，购买产品时也就放心了。

小晴在直播中销售瘦脸霜和瘦身霜。小晴的身材微胖，正适合涂抹瘦脸霜和瘦身霜。她充分利用这个条件，经常在直播间亲自给观众做示范。

小晴有使用瘦脸霜和瘦身霜的经验，而且对自己销售的产品很了解，她经常一边做示范，一边讲解瘦脸霜和瘦身霜的使用知识。有些观众对这类产品有一些了解，有些观众没有使用过这类产品，她的讲解让不少初次接触这类产品的人感到很贴心。

除了讲解产品知识之外，小晴还教大家运动瘦脸和瘦身的方法。她告诉观众，如果看了她的直播之后，并不想购买她的产品，也可以自行运动瘦身，只不过效果没有使用产品之后好。

小晴告诉大家，运动不但可以瘦身，而且可以瘦脸。运动其实是最有效的减肥方式，而且减肥效果非常全面。假如你的脸比较胖，经过一番剧烈运动之后，会排出大量的汗液，这有助于减肥。除了运动之外，饮食方面也要格外注意，平时应该多吃一些有利于消肿的蔬菜和水果，比如冬瓜等，甘蔗、口香糖之类的食品尽量少吃，它们会让你的脸部肌肉变得更健硕，不利于瘦脸。小晴还会给大家讲解沐浴法减肥、做面部和腹部的减肥操减肥等各种减肥方法。

听了小晴非常专业的讲述，观众对小晴产生了更强的信任感。他们觉得小晴懂这么多瘦脸和瘦身的知识，这么专业，她看中的产品肯定不会差。为了尽快达到瘦脸和瘦身的效果，很多观众都选择购买小晴的产品，小晴的直播营销也就逐渐火了起来。

观众都希望买到更好的产品和服务，你要用专业的知识让自己显得很强大，这样观众就会相信并购买你的产品。在上述例子当中，小晴用专业知识赢得了观众的心，从而使自己的直播营销取得了好的效果。

假如你对自己的产品知之甚少，观众随便问几个问题就把你难住了，那么你在观众心中的形象和地位就会一落千丈。一个不专业的主播，很难赢得观众的心，观众在购买他的产品时不会放心，产品的销量也会因此受到很大的影响。

小周的一位好朋友是卖单反相机的，店铺的生意还不错。小周见朋友的买卖做得好，自己也想做一做。不过他不想在线下经营，因为那还要租店面、搞装修，这样做下来要花不少钱。小周觉得直播营销的方式很不错，打算自己直播卖单反相机。

小周对单反相机并没有太多的了解，不过他觉得自己只是直播卖东西而已，不是直播讲课，不需要具备太多单反相机的知识。然而真到了直播的时候，小周发现事情并不像他想象的那么简单。

观众在看小周直播时，除了问他所售卖的单反相机的产品型号、产品特点之外，还询问他拍摄照片的技巧和方法。对于与产品相关的简单问题，小周还能回答上来，当遇到观众询问拍摄技巧时，他就不知道了。他不是影视专业毕业的，也没有自学过摄影知识，有时会被观众问得哑口无言。

人们见小周回答不了摄影的知识，觉得他不够专业，对他出售的单反相机是否是正品也产生了怀疑。小周没想到卖个东西能遇到这么多麻烦，他见自己直播间的人气一直上不来，只好去朋友那里求助。

小周用了一周的时间，从朋友那里学到了使用单反相机的知识，对摄影也有了初步的认识。当再次回到直播间时，他表现得好多了。观众所提的问题，小周基本都可以解答。遇到太专业的问题，小周会立即和朋友联系，从朋友那里得到答案之后，再告诉观众。

经过努力，他终于征服了观众的心。观众开始购买他的单反相机，他直播间的人气也慢慢高了起来。

观众在决定购买一件产品之前，往往需要一些推动力，这样他们才会下定决心。主播在做直播营销时，如果能够用专业的知识消除他们心中的疑惑，就

可以大大提升他们下订单的概率。观众看到主播对专业知识很熟悉，对主播的信心就会更足，同时也会被主播的魅力所征服，成为主播的"粉丝"。

在直播营销之前，主播千万不要掉以轻心，要先把相关的专业知识学好，再去做。要做到未雨绸缪，有备无患，这样才能心里有底，表现得更加从容，以更专业的素养征服观众的心。这样，观众才会更愿意购买你的产品，成为你的"粉丝"。

做冰冷的销售员不如做贴心的顾问

传统的销售就是单纯地将产品卖给消费者，消费者购买产品之后，往往和销售者就断了联系。直播营销和传统销售不同，消费者可能是主播的"粉丝"，他们在购买产品以后，一般并不会离去，而是继续留在直播间观看直播，他们在使用产品的过程中遇到问题时会向主播咨询。因此，只当一个冰冷的销售员是不够的，还应该做贴心的顾问，帮用户解决问题。

小庄是一个职业化妆师，工作之余，他也在直播平台上做直播营销。他在直播中主要教观众如何化妆，然后向观众出售化妆品和化妆工具。

小庄的化妆技术很好，也拥有非常系统和专业的化妆知识。观众看了小庄的直播以后，学到了很多化妆知识，对小庄产生了信任感。他们购买小庄的产品时很积极，在购买产品之后，也会遇到一些问题。比如，有的人皮肤不太好，想问小庄怎样化妆对自己的皮肤伤害更小；有的人嘴唇容易干燥起皮，想向小庄询问怎样涂口红能够避免颜色不均匀；有的人虽然每天都敷面膜，皮肤却还是不太水润，想向小庄询问解决办法。

小庄在听到大家的问题之后，会很细致地为大家讲解相关知识。除此之外，他还会根据每个人的体质和皮肤状况，提出个性化的皮肤护理建议，也会帮大家选择最合适的化妆品。

小庄就像是一个贴心的顾问，帮助每一个观众解决问题。看小庄的直播并购买小庄推荐的化妆品和化妆工具，成了很多观众喜欢做的事。他们把小庄当成了知心朋友，有时候不仅和他聊化妆方面的问题，还会聊一些生活上的琐事。

小庄把观众变成了顾客，也把他们变成了朋友。他的直播营销取得了很好的效果，在观众当中的口碑很不错，生意因此越做越好。

销售是把产品卖给顾客，通过产品与顾客建立联系。虽然好的产品能够让顾客感觉物有所值，但这很难与顾客间建立深层次的情感关系，因为他们是花钱买产品的，里面或许也有情感因素，但占比并不大。做顾客的顾问则不同，这几乎是免费在帮他们的忙，完全是在建立情感联系。这样不但能够赢得顾客的好感，而且能和他们变成朋友。

例子中的小庄通过给顾客提供建议，成为他们的顾问，把他们变成了自己的忠实"粉丝"。他们之间不再是单纯的买卖关系，建立起了顾客和销售者之间很难建立的非常宝贵的友情。在直播中，单纯地做销售工作往往显得冰冷，而做观众的顾问，则充满了温度感，可以温暖人心。

做顾问的核心是帮助顾客解决问题。假如你的产品能够帮助顾客解决他们的问题，他们就会感谢你。

玥玛锁经营了很多年，找了很多代理商，都没做大做强。后来它改变了营销策略，开始往顾客最需要的方面去发展。当时几乎所有的锁都在卖品质，然而，顾客买锁时其实最注重的是安全。顾客买锁之后，锁上门就放心了吗？锁可能本身质量没有问题，但顾客不一定真正感到安全。几乎所有的锁都不提供安全感，只是说自己的质量多好。

顾客最想买的是安全感，但几乎没有人卖这个。玥玛锁发现了这一点，开始走提供安全感这个路线。于是，它所有的营销活动全都围绕安全感来展开。它所有的努力，都是为了让顾客感觉这个品牌的锁很安全。

玥玛锁保证，如果因为锁的问题顾客丢了东西，厂家直接承担责任。顾客觉得购买这个品牌的锁很放心，非常有安全感，于是这个品牌就在消费者中打响了。

顾问是帮助客户解决问题的，销售只是为了把产品卖给顾客，这两者的出发点是不同的。我们在做直播营销时，要让大家感到你是为他们好。你要让他们觉得，你是为了给他们提供帮助，而不是单纯为了赚他们的钱。

顾问是客户的朋友，销售只是想从顾客口袋里拿到钱。人们会对销售有戒备心理，却对顾问敞开心扉。另外，顾问给客户的感觉是很专业的。只有拥有足够专业知识的人，才可以把顾问工作做好。没有专业知识，一个人不可能在客户提出问题时应对自如，也很难深层次地挖掘客户的需求。

当你能够给客户当好顾问时，客户对你的信任感就会越来越强。他们愿意购买你的产品，就算你的产品比其他产品贵一点也无所谓。客户有时候并不那么在乎产品的价格，他们只是想找最优的解决方案。

在现实中，太多人为了一点小便宜而购买质量差的产品，但也有很多顾客不追求低价产品，他们更看重产品的性价比。顾问给客户推荐的产品，性价比方面有保证，他们自然乐于购买。

让人轻松愉快的内容才是好内容

现在大部分人的生活压力都很大，忙工作，忙生活，忙学习……，人们总是有太多的事情要做，整天忙得团团转。人们在看直播时，很少有人愿意看严肃的内容，大部分人都想放松一下，都希望看一些让人感到轻松愉快的内容。

我们在做直播营销时，应该让人感到轻松愉快，这样更能赢得观众的喜爱，继而把销售工作做好。

> 小琴在某直播平台上做直播营销。她主要是在直播时卖衣服，偶尔也会出售一些女士用的包。有不少卖衣服的主播会找身材比较好的模特来试穿衣服，在直播时让观众挑选想要看的衣服，让模特试穿，观众看好了就可以下单。
>
> 小琴没有找模特试穿衣服。她觉得与其让观众看了模特试穿衣服之后，买回去出现"买家秀"远不如"卖家秀"好看的情况，还不如让观众自己看衣服。观众自己觉得衣服合适就下单，觉得不合适就再看看别的衣服。她只是展示衣服，让观众自己决定是否购买，不受模特的影响。

小琴的身材并不算好，她有点胖。不过没关系，她做直播时总是非常有趣，经常和观众聊天，通过聊天把观众逗得哈哈大笑。小琴经常拿自己开玩笑，观众有时候也通过调侃她取乐，小琴一点也不生气，她和观众相处得非常融洽。观众觉得看小琴的直播特别轻松，慢慢把小琴当成了身边的朋友一样对待。

观众有时候夸小琴非常有趣，拥有有趣的灵魂。小琴刚要自夸几句，就有观众说她："有趣的灵魂一百三十斤。"小琴和观众调侃惯了，会假装生气地说："我哪有一百三十斤，刚减到了一百二十斤，你们不要乱说！"观众就说："那肯定是没钱吃饭了，要不然你怎么会主动减肥呢？"小琴说："你们都不买我的衣服，可不没钱吃饭了嘛！"观众纷纷表示要多买两件衣服，让她吃得起饭。

观看小琴的直播，观众总是感觉非常轻松。正因如此，很多观众都来小琴的直播间和她聊天，即便不买衣服，也会过来看看，把看她直播变成了一种习惯。小琴的直播间人数总是很多，人气高自然会吸引更多的观众，所以她的直播营销效果一直很好。

观众都希望在直播中看到轻松的内容，这样他们能够放松心情。在做直播营销时，用轻松愉快的内容抓住观众的心，对营销效果有非常积极的作用。例子中的小琴虽然身材不是很好，也没有找模特来给自己的服装"增效"，但她用风趣幽默的直播风格赢得了观众的喜爱，直播营销也因此做得很好。

小琦是一个做直播营销的女主播，在直播间主要销售女装。一开始她

不太活泼，在观众调侃她时，显得有些不耐烦。比如，有的观众说："这件衣服有没有XXXXXL的？"小琦就很不耐烦，对观众说："不要开玩笑，买衣服就问一些有价值的问题，不要问这种问题好吗？"虽然她长得很漂亮，能够把观众吸引过来，但是她缺乏幽默感，让观众觉得看她的直播不轻松，所以她的观众一直不太多。

后来小琦开始反思，思考问题出在了什么地方，为什么直播间的人气一直涨不上去。后来她开始改变自己的风格，经常和观众调侃，让直播间的氛围轻松起来。在观众和她开玩笑时，她不再表现得不耐烦，而是用有趣的话把观众逗乐。比如，有的观众说她胖了，她就告诉观众："还不是因为你们不买我的衣服，我整天都发愁，给愁胖了。"观众问她："发愁也能把人愁胖？"她回答："因为我心情不好就喜欢吃东西，所以就吃胖了。"观众被她逗得哈哈大笑，同时也想要买她的衣服支持她一下。

除了在直播间与观众互动之外，小琦还开通了自己的微博，在微博上搞一些比较有趣的活动。比如，做一道有趣的数学题，答对的抽奖，奖品是店里卖得最火的衣服。

人们总是能在和小琦的互动中获得快乐，所以很愿意看小琦的直播，也经常会在微博上和她互动。小琦的直播间人气越来越高，"粉丝"也变得更多，销售业绩很快涨了上去。

人们都希望在观看直播时收获快乐，快乐是他们看直播的核心动力之一。人们现在每天都会在闲暇时上网，其实很多时候都是为了寻找快乐。在直播营销时让观众获得快乐，观众就会认可你，愿意购买你的产品。

把直播营销做得轻松愉快，营销效果一定不会太差。就像例子中的小琦，她一开始没能把自己的直播营销做成有趣的风格，虽然她人长得漂亮，却无法留住观众。之后她改变了策略，让直播风格变得轻松活泼起来，就赢得了观众的喜爱，营销也就做好了。

把直播营销的气氛变得轻松，不但能够赢得观众的喜爱，自己的心情也会变得轻松。学着做一个有趣的人吧，把直播营销变成快乐的源泉。

优质的内容具有令人欲罢不能的吸引力

人们对于优质的内容总是没有什么抵抗力，优质的直播内容有令人欲罢不能的吸引力。如果你能在直播营销时把内容做成优质内容，营销效果将会很好。

以前做传统生意时，人们都使用传统营销方式，基本方法就是把商品摆在外面，等待顾客自己过来买。再积极一点的方式，有可能商家会把自己搞优惠活动的传单拿到街上去发一发，增加自己被顾客发现的机会。

有了直播营销之后，我们应该想办法展现给观众一个更好的自己，用优质的内容把顾客吸引过来。你必须想尽办法让别人发现你，用新奇的内容也好，用有趣的内容也好，总之得把内容做好，用优质的内容去吸引观众。

那些不能把内容做好的主播，慢慢就会被淘汰掉。今天淘汰一批，明天淘汰一批，到最后留下来的就是精英。谁能够把内容做得更优质，谁就是精英中的精英，就会更有机会活下去，把自己的直播营销做得更强。

> 嘟嘟姐是一个做直播营销的主播，她长得并不算漂亮，在美女如云的

女主播当中毫不起眼。但是这并不影响她成为一个优秀的女主播，也不妨碍她的营销业绩。

嘟嘟姐是一个很聪明的人，她懂得一边做直播营销，一边总结经验。她做直播营销一段时间后，就开始想怎么才能把内容做得更好。有一次，她有点累了，在直播时躺着唱歌，发现躺着的时候唱歌很有感觉。她当时唱的那首歌是《嘴巴嘟嘟》。当时这首歌正火，但是她站着唱的时候没有感觉，躺着唱的时候非常有感觉。

嘟嘟姐就躺着唱这首歌，唱的时候嘴嘟一下，接着对着镜头亲一下。她的姿势配上歌词的意境，营造出一种非常强的代入感，让观众有初恋一般的感觉。

嘟嘟姐虽然不算是大美女，但是她的嘴型很好看，再加上她用的口红颜色也很合适，在唱《嘴巴嘟嘟》这首歌时，给人的感觉特别好，就好像这首歌是为她量身打造的一样。嘟嘟姐占据了天时地利人和，靠着一首《嘴巴嘟嘟》一下子火了起来。

当时直播平台的同框功能正火。嘟嘟姐唱歌时躺着的那个姿势，配上她非常到位的表情、神态，跟她同框的感觉非常好。嘟嘟姐的人气很快就涨了上来，迅速赢得了一大批"粉丝"。

嘟嘟姐借着这股东风，在直播时更加用心。有了一定数量的"粉丝"后，她总是琢磨着怎样才能把直播的内容做好，并把想法付诸行动，很快她的人气又涨了一大截。尽管嘟嘟姐不算是多才多艺的人，但她很用心，总是精心打磨自己的直播内容，目的是把内容做得更加优质。

　　嘟嘟姐火了以后，她直播时销售的东西也卖得很好。就像很多有人气的主播一样，她的销售业绩一直都很不错。

　　现在做直播的人成千上万，要想脱颖而出，只有靠优质的内容。例子中的嘟嘟姐明白这一点，因此她坚持用心去做内容，吸引了大量观众。

　　现在有很多流行的内容，流行的内容往往能吸引观众，因此不少主播总是跟着流行的内容走。这本身是没有错的，但关键是得要思考，思考怎样在流行的基础上把内容做得更精。只有你的内容做得好，别人才会发现你。现在是一个内容丰富的时代，你必须让别人发现你，才不至于被淹没。优质的内容总有被发现的契机，总会闪光。

　　做视频虽然谁都可以，但把视频做好，其实是份专业性很强的工作。如果你不专业，你就应该比别人付出更多的努力。很多人都在想着利用直播营销提高自己的收入，或者将此作为提升自己价值的切入点，通过做直播，让自己的人生与众不同。不过，做直播不仅仅是拍摄视频，还包括特效使用、内容策划等很多环节，你必须脑子非常灵活，并愿意在这上面花心思。

　　要想把直播内容做得优质，你得先明白其中的道理。不管你做什么内容的直播营销，你得先有感觉、有灵感，这样才能把直播营销做好。有时候，一个灵感就可能拯救你，让你瞬间火爆全网。这在移动互联网时代完全有可能。

　　做直播营销时，被观众发现很重要。你怎么才能被发现？答案是你要有好的内容。没有好的内容，你是很难被发现的。有些人忽视了内容，光顾着炒作，这可能会吸引来一些人气，但随着热度的下降，"粉丝"也会跟着慢慢减

少。做优质内容则不同，优质内容会帮你持续不断地吸引"粉丝"，而这些"粉丝"的黏性很强，不会轻易丢失。

不妨沉淀一下自己，踏踏实实去做优质的内容。这样你的直播总会被人们发现，因为优质的内容就像是金子，在哪里都会发光。

第4章

▶▶

推广：学会推广
才不会被埋没

酒香也怕巷子深。现在做直播营销的人太多了，不会推广就像是行走在暗夜里，很难被人发现。学会推广，让自己变成黑夜中的光，谁也不能把你埋没。

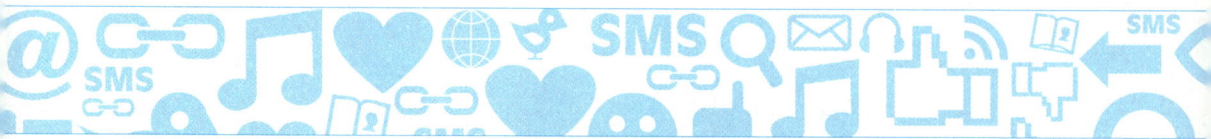

营销就是要强化顾客的认知

虽然直播营销在这两年特别火，但主播的数量太多了，真正能够在观众心中留下深刻印象的主播所占的比例并不高。强化顾客的认知，在顾客心里留下深刻的印象，让顾客一想到你就联想到某类产品，或者一看到某类产品就想到你，你就会取得直播营销的成功。

实际上，顾客购买某产品，并不单纯与产品的质量有关系，更重要的是顾客的认知。一件好的产品，如果顾客并不觉得它好，他们也不会去下单购买。因此，除了产品本身质量过硬之外，强化顾客的认知是打开销路的关键，也是营销成功的关键。尤其是对于直播营销来说，顾客只能通过直播来看产品，不能直接看到、摸到，强化他们的认知就显得尤为重要。

某主播长年在国外居住，平时的直播内容是他在国外的一些生活体验。他经常和观众谈自己对国外生活的一些认识，也分享一些在国外生活的感悟。通过看他的直播，观众可以真实感受到国外和国内的一些不同，了解到更多国外的真实情况。

除了和大家分享生活体验之外，该主播还向大家展示他在国外购买的一些比较好的产品，并向大家介绍这些产品。他长年在国外生活，观众对他推荐的产品比较信任，当他将产品挂到网上以后，观众很愿意去购买。

该主播一面和观众交朋友，使观众形成他是一个很可靠的人的印象，一面向大家推荐他所卖的产品，产生了很好的效果。他已经强化了大家的认知，顾客愿意信任他，也相信他的眼光。他向大家展示的生活是很有品质的生活，大家对他的眼光也比较相信，对他推荐的产品也很愿意接受。

强化顾客的认知之后，顾客对主播会产生深刻的印象，并对主播有了信任感，再进行营销就会变得容易起来。当然，强化顾客的认知时，你需要在细节上多加注意。例子中在国外生活的主播，平时生活中就是一个很细致的人。他平时做事，会给人一种很稳重的印象。在观众的认知里，他是一个有自己独立见解，并且认真负责的人。他已经强化了顾客的认知，在挑选产品方面，顾客也愿意信任他。

强化了顾客的认知之后，在想到某一类产品时，顾客就会联想到某一主播。有些主播直播做得很好，观众一开始并没有购买他的产品的想法，然而可能会先关注他，一旦有需要，就会到他那里去下单。

某主播在快手上做直播，教大家做菜。他直播时的讲解很细腻，让人看了他的直播之后，真的可以对做菜方面有很大的帮助。对于观众所提的问题，他几乎全都会解答，不像有些主播，只回答一部分问题。在向大家

讲解做菜的步骤，回答大家的问题时，他表现得风趣幽默，这让他更受观众的喜爱。

在直播的同时，这位主播也会向大家推荐他使用的一些调味品。有些观众只是单纯过来学做菜的，并不会立即下单购买他的调味品，对此他不会表现得特别在意。观众虽然一开始并不一定会购买他的产品，但关注他之后，当观众有需求时往往会来他这里下单购买调味品。慢慢地，观众对他有了一定的感情，很愿意支持他，相信能用那些调味品做出好吃的菜来，于是纷纷购买。

强化顾客的认知之后，他们即便没有立即下单，也会变成潜在的顾客。例子中的主播并不一定能让观众立即下单，但能够把观众变成"粉丝"或朋友，在他们想要购买调味品时，首先会想到到他这里购买，这就是成功的营销。

在直播营销过程中，顾客购买的是他们认为的好产品，而不仅仅是质量好的产品，这一点一定要记住。正因如此，所有的营销努力都应该以强化顾客的认知为目的。产品的质量好，只是前提条件，让顾客也认为你的产品好，才是营销成功的关键。

在直播营销时，你应该打造自己的形象，让顾客对你印象深刻，并认可你的人品。之后，你再用专业的能力以及负责的态度，让顾客对你推荐的产品更加放心。需要注意的是，在直播时，用简单的话语往往会有更好的效果。直播时间有限，说话直接一些，观众听得会更明白。先总结出你销售的产品的特点，把它罗列出来，不要空泛地去说它质量好。

顾客的认知对于直播营销来说非常重要，它就像一颗种子，能够在顾客的

心里生根发芽。强化顾客的认知，即便顾客一开始没有购买你的产品，他们也会记住你的产品。当他们有需求时，就会将这份认知变成实质的下单了。强化顾客的认知，就等于拿下了他们的订单。

推广前首先应该选好目标人群

推广很重要，这一点不假。不过在推广之前，方向一定要定准，这样才不会做无用功。在推广之前，你首先应选好目标人群，知道目标人群喜欢什么，然后做出他们喜欢的内容，继而赢得他们的心。

在推广之前把目标人群选好，就可以用最有效的方法赢得目标人群的青睐。

直播带货可以说是2020年最为热门的词汇之一。在这个特殊的年份里，很多直播带货达人成为新的流量明星。不仅网红在进行直播带货，很多企业大佬也开始做直播带货。

格力电器是中国家电行业的领军企业，2020年线下市场出现了很大的"缩水"。在这种困境当中，董明珠对新零售领域深度布局，以直播带货为突破口，意图将格力文化广泛传播给格力电器的潜在消费者，亦即目标人群。

董明珠很清楚，她在做直播时目标人群有所不同。这些人相对更为成熟，对于空泛的噱头并没有太大的兴趣，他们更加关注产品的质量，更加在意产品的细节，更加注重企业的实力，更加关心服务的质量。

董明珠在直播时，将直播当成一个文化交流与互动的窗口，将格力的企业文化充分展示给目标人群。她在直播时，让格力的产品悉数亮相，对产品的介绍非常详尽，并将格力的创新产品详细介绍给大家。在直播现场，董明珠往往要站数个小时，一边介绍格力的产品，展示格力的科技成果，一边传播格力的企业文化。

与普通的网络直播相比，董明珠的直播有更大的格局，将格力和中国制造业的价值展示给人们看。而这些，正是她的目标人群所关注的核心内容。正因为董明珠能充分把握目标人群的特点，所以她的直播效果非常好，不仅带货量很大，还将格力的企业文化和中国制造业的价值植入了人们的心中。

现在的直播平台上什么样的用户都有。你应该选择什么样的人群，主要取决于你的产品是什么。

你要根据自己产品的特性，去选择你的目标人群。有的人卖普通化妆品，对化妆品质量要求高的人根本不会去买他们的产品，但是他们卖得很好，直播间的人气也很高。这是因为他们定位准确，知道该向哪些用户推广这种化妆品。

在销售低端产品时，你应该格外小心，因为这类产品的品质很一般，但客户不会因为价格低而降低对产品的要求。不管产品是什么价格，用户都有所期望。

　　某主播在快手上做户外骑行的直播，同时会向观众销售茶叶。这些茶叶他自己平时随身携带，经常泡茶喝。他将自己的目标客户定位为对生活质量有一定的追求，有一些独特想法的中年人。他认为这样的人往往可以静下心来做自己想做的事，也会品品茶、谈谈人生。

　　他做直播骑行收获了不少"粉丝"，这些"粉丝"也成了他的主要客户。在骑行过程中，他要么在户外搭帐篷露宿，要么在旅店住宿。晚上安顿好之后，他会和观众谈谈自己的人生，谈谈这一路上的见闻和感悟，卖茶叶只是随口一提，有时候甚至根本不说，只是把茶叶加到杯子里，倒上一杯热水。但观众会对他的茶叶产生好奇，继而询问和下单。

　　找准了自己的目标客户，用能够吸引他们的方式去做直播，直播营销就会变得简单起来。找不准目标客户，直播时用的方式不对，就很难吸引到他们，也就很难打开销路。

　　在做直播营销之前，你要先确定自己要卖的产品是什么，然后确定购买这些产品的人主要有哪些，最后根据这些人的类型来确定自己的直播内容和直播方式。

　　直播营销不同于传统的营销，它有一个显著的优点，就是观众能够帮你宣传。当你的人气很高以后，你甚至不需要费力去宣传，也能收获更多的客户。正因如此，在直播之前做足功课，反复推敲目标客户和直播内容，把直播内容和直播方式定好，是十分必要的。

　　当你的直播内容和直播方式对目标客户形成了吸引力，直播间里聚集了一些兴趣相近的观众，会形成滚雪球效应，不需要再去过多宣传，你的观众会越来越多。这样一来，你的直播营销就会做得越来越好。

推广时一定要学会借力

在推广时借力非常重要。借力能够让你的推广迅速展开，借助他人的力量遍地开花。

在移动互联网时代，社会发展速度快，节奏快，变化快，往往你还没弄明白到底怎么回事，你所在意的东西就已经过时了，这样你的所有努力就白费了。

你必须让自己的速度快起来，才能跟上时代的步伐。要想快，你就得学会借力。在移动互联网时代不会借力，就等于白白浪费了发达的信息网络。

很多事情你不一定会，但可以借力迅速学会。比如，说段子你不会，但是有人段子说得特别好，观众一看就忘不了，那你就可以去他那里学。如果悟性好，你连学费都不用交，在他的直播间看他说段子你就能学会。

到那些直播营销做得好的主播那里去，看看他们是怎么直播的。进入他们的直播间，看看他们的优势在哪儿，他们有什么秘诀。或许你也懂一点，但是你不如他们做得好，这时候你就要向他们学习。这并不是说你比他们笨，人的精力是有限的，可能你的精力用在了别的地方，而他们专攻其他某个方面。

一开始做营销时，你可能做得不好，但是没关系，做得不好也要继续做。你需要经历一段时间，才能让自己熟悉，把自己的能力提升上来。比如，你做段子，一开始做得一点也不搞笑，没关系，就当作给自己看。其实，现在很多人做段子时遇到的最大的问题是拍摄技术差。拍摄技术和相机关系不大，并不是说使用专业相机就能提高拍摄技术，你也别头脑一热就花很多钱去买专业设备。刚开始直播，没必要买那么好的设备，手机完全可以达到你的要求。

> 小B在直播间做段子，总是拍不出好的效果。后来他发现自己的特效用得不到位，所以拍不出应有的效果。他看见一个主播的特效用得很好，就去这个主播的直播间看，一边看一边给主播刷礼物。后来，这个主播和他认识了，他就向人家请教怎么做特效。
>
> 小B从别人那里学到了使用特效的方法，一下子就把自己的直播做得很好。他的直播间人数越来越多，销售也做得风生水起。

你不一定要什么都懂，但是你应该学会找到懂的人，向他们学习。别人也许研究了很久才研究出来，你向他们学习，一学就会了，这就是借了他们的力，少走了很多弯路。如果你自己去研究，可能研究了很久也没研究明白。

有的主播很有人气，你就给他刷点礼物，让他帮你在直播间宣传一下。借助他们的力量，能够让你迅速被人们知道。

除了借主播的力，还要借客户的力。

> 某主播在直播营销时非常懂得借助客户的力量。他在直播间经常搞活

动，只要客户能帮他宣传，介绍来一位客户，他们两个就都能在购物时享受优惠。为了得到优惠，他的客户经常为他拉来新的客户。久而久之，该主播直播间里的人越聚越多，人气就像滚雪球一样增加。

要想把营销做好，借客户的力是很好的办法。有时候客户帮你干事，要比你干得更快、更好。你自己宣传就是自卖自夸，客户帮你宣传，可信度更高。老客户帮你介绍来新客户，客户越来越多，就会显得你非常有实力，更容易吸引到新客户。

如果想把客户的力借到极致，你可以让客户入股——起草好股份制协议，让一些核心的客户入股。到时候你就不再单枪匹马，你将拥有一个团队，发展起来就更有优势。

除了借人的力，从别人那里学经验之外，你还要学会借助各种软件的力量。

俗话说："人巧不如家什好。"现在的软件很厉害，可以满足你的很多需求。使用软件时不需要太多专业知识，基本每个人都能操作。以前应用PS技术需要具备专业知识，但现在利用手机上的软件每个人都可以修图。手机上可能安装很多软件，你不需要学会使用专业的摄影器材。把软件用好，你足以把直播内容做得很出色。

这个时代借力是非常好的选择。借力本身并不是很难，关键是你要有借力的想法。假如你借不来力，说明你的能力还没有达到，你就要提升自己的能力，扩大自己的交际圈。同时，你要把最容易借的那些力借来——去学习优秀主播的优点，使用好的应用软件，把直播做好。

让别人在多个网络平台上看到你

你所做的直播营销一定要让更多的人看到，这样他们才有可能成为你的"粉丝"。让别人在多个网络平台上看到你，这很重要。

很多主播一边在直播平台上做直播营销，一边在微博上发布动态吸引"粉丝"，这种做法就很好。很多主播直播的时间不确定，所以在直播时，"粉丝"不一定会在第一时间知道。而主播在微博上或者其他平台上发布了自己的直播动态之后，"粉丝"可以通过多渠道了解到主播的直播时间，这样就不会错过他的直播了。

小唐经常在快手上直播卖清洁用品。她直播的时间已经很久了，也积累了不少"粉丝"，但是她经常被一个问题困扰，就是"粉丝"们赶不上她的直播。她经常听到有"粉丝"抱怨，说她直播时来晚了，进直播间时她的直播已经结束了。

为了解决这个问题，小唐在微博上创建了自己的账号。每次直播之前，她都会在微博上公布直播的时间。这样，"粉丝"就会知道她会在什

么时间直播，很少会错过她的直播了。

小唐在直播时经常搞活动，所以"粉丝"们一般是在她直播时购买她的东西。开通微博之后，小唐直播时有更多人观看，她收到的订单也比以前更多了。

只在一个网络平台上做直播，这没有问题，但是你的直播信息应该出现在更多的平台上，让更多的人有机会知道你。现在有不少主播在抖音和快手两个平台上都有账号，但主要经营其中一个，这就是多平台发展策略。在每个平台上都能吸引到观众，自然有利于自己的推广。

现在的网络平台都有自己的App。人们几乎已离不开这些App了，只要能够占领这些App，你很快就会被更多的人知道。当然，占领这些App很难。每个App都是一个平台，你必须出类拔萃，才会被这些平台推荐，这在哪个平台上都一样。

哔哩哔哩是一个很受年轻人喜爱的视频网站。现在人们都喜欢用手机App看视频，有一个问题困扰着很多人：在使用手机App看视频时，如果没有开通会员，不但视频的开头有广告，连视频的中间也有广告，让人不胜其烦。

哔哩哔哩就不在视频前面做广告，解决了烦人的广告问题，一下子就赢得了用户的喜爱。在年轻人的手机里，你往往可以看到哔哩哔哩这款App的身影。

基于此，如果在哔哩哔哩上做一个视频制作者，就能够吸引到很多观众，在直播营销时，也能让观众过来捧场。实际上有些主播就是这么做的，并且取得了不错的效果。

小云在某直播平台上直播打游戏，同时销售一些电脑配件。他直播时观众并不多，但他直播的内容还不错，打游戏的过程很吸引人。为了不让自己辛辛苦苦打游戏的直播素材浪费掉，小云在直播时把直播的内容录下来，制作成短视频，然后发布到哔哩哔哩上。

小云的视频内容很有趣，逐渐在哔哩哔哩上吸引了一批人。过了一段时间，他在哔哩哔哩上的"粉丝"已经达到了十几万人，这时他觉得时机成熟了，就告诉了大家他在某直播平台上直播的消息，让他们有时间可以去看一看。

哔哩哔哩上的这些"粉丝"知道了他直播的事后，就去看他的直播。于是，他直播间里的人逐渐多了起来，人气迅速上升。

让别人看到并不容易，你应该利用多个网络平台，这样才能有更多的机会让更多的观众看到。

如果是大品牌做直播营销，可以在各个网络平台上做一些广告。现在打开很多App时，都会弹出一个广告界面，持续几秒钟之后才会进入用户界面。利用这个初始界面做广告，通常能够让很多人看到。

某品牌要做直播营销，在开始直播营销之前，它在微博的初始界面上做了广告，还在微信上发布了一条广告。很多人都看到了该品牌的广告，因此在它直播营销时很多人观看。最终，这个品牌的直播营销效果很不错，短短一个小时的时间，就把准备的产品卖光了。

现在有各种各样的网站和应用软件，每个人的兴趣爱好不同，使用网站和应用软件的偏好也不同。如果你想被更多的人看到，就应该多利用这些网站和应用软件，如注册微博账号、微信公众号，建立QQ群等。

在做直播的同时，你也要做一些短视频，在快手、抖音等各种平台上发布，说不定在哪一个平台上面就火了。只要能火一个，你就成功了。把直播的内容录制下来，你还可以上传到哔哩哔哩、优酷、秒拍等平台，让你的视频被更多人看到。

总之，你一定要在多个平台上发布直播消息，以便被更多的人看到。网络是一个巨大的环境，不要偏安一隅，要走出去，让你的信息在网络上遍地开花，让网友在多个网络平台上都能看到你。

利用团队和新的推广方式做推广

在这个飞速发展的时代，一个人很难走快。我们需要多人合作，形成一个团队，这样才能发展得更好。在推广的过程中，一个团队只有进行分工合作，才能够把推广工作做得更好。

相比于个人推广，无论从资金、技术还是时间等方面来讲，团队推广都更胜一筹。

纵观身边的推广方式，我们不难发现，无论是企业还是个人都会借助网络进行推广。直播推广也是如此。比如，你可以研究一下怎么用百度进行推广。

百度是很多人都在使用的搜索引擎，它拥有很大的流量，因此在百度上做推广，还是很划算的。做百度推广，一般就是花钱买一些关键词。这看上去似乎非常简单，但也需要技巧。关键词买得好，这钱就花得值，甚至可能物超所值；关键词没买好，你可能会白花很多冤枉钱。如果你有一个好的团队，可以做关键词搜索推广。这时，从选择关键词开始，就得仔细考虑。

如果你的团队水平没有那么高，你可以不用关键词搜索这种方式进行推广。你可以选一种更容易的方式，在百度新闻上进行推广。百度新闻有不少人在看，新闻是每天都更新的，所以它不会过时，很多人都会去看那些比较火的新闻内容。

你要想做好百度的新闻稿，必须根据自己的行业来做，根据行业具体情况进行分析。百度新闻推广费用不高，基本每个人都承担得起，不用担心。

网络上有了关于你的新闻报道后，别人永远可以搜索到。这条新闻能够跟你一辈子，等于一直有宣传的效果。别人可以在百度上搜索到你，就会觉得你有实力、有东西、有故事，这样就可以为推广做铺垫、造舆论。

在百度上做推广，团队合作很重要。一个人很难做到面面俱到，有团队才能更好地挑选出关键词，有团队才能把新闻的内容做得更好。

除了在百度上做推广之外，在新浪微博上做推广也是个非常不错的选择。新浪微博上能留下你的联系方式，你可以把上传到百度新闻上的一些信息转到微博上。

做微博推广也需要团队合作。

当然，我们做直播营销时，不能像普通用户那样在微博上随意发布内容，而是需要团队策划，然后发布优质的推广内容，这样才能够将微博充分利用起来，以便起到更好的推广作用。

以前，网站是种不错的推广方式。但是现在，网站几乎被淘汰了，很少有人再去登录一个不知名的网站，除非是特别大的企业的网站。做直播营销时，不需要建立自己的网站，微博、微信公众号等完全可以起到类似的作用，其实就是为了让更多的人看见你。

在直播平台上的账号也可以像经营新浪微博的账号那样去经营，只不过直播平台上的账号往往发布的是短视频之类的内容。你可以把直播平台上的账号当成一个业务工具——和用户沟通的工具，比如今天你上了新品，发了一段视频："今天给大家上个新款，大家要是感觉好的话，我可以给大家开直播。"这样就可以把你的直播平台上的账号当成一个业务工具，当成一个网站来使用。在微博、快手、百度上同时做推广，人们就会有更多机会看到你的内容，这样推广范围就扩大了。

做直播营销时，只要推广做得好，就有机会把直播营销做好。

和人连接才是推广的最终目的

推广不仅仅是为了让别人看到你，更重要的是让他们看到你以后选择相信你，最后和你建立起联系。和人连接才是推广的最终目的，如果不能和人连接，推广就变得毫无价值。

推广的方法有很多，只要能够连接上人，就是好方法。比如，现在的人都很喜爱宠物，人们对可爱的宠物总是没有抵抗力，用宠物吸引人们的眼球，对自己进行宣传，然后和他们连接起来，就能实现营销的目的。

某主播主要在直播营销时卖狗粮，平时在线下也是做批发和零售狗粮生意的。在直播平台火起来之后，他在快手上注册了自己的账号，开始直播卖狗粮。但是很快他就发现，直播卖狗粮很困难，人们似乎对他的直播不感兴趣。他感到很迷惑，不知道应该先直播卖狗粮，还是先做一些段子，再开始卖狗粮。

经过别人的点拨，他先暂停直播，专心做一些与狗在一起生活的短视频。他养的狗很听话，也很聪明，他带着狗拍了很多有趣的短视频，吸引到不少"粉丝"。等再做直播营销时，他不是自己出镜，而是让狗出镜来吸引观众。通过这只狗，他和观众建立了联系，最终把直播营销做好了。

例子中的主播利用狗来和观众建立连接，最终把直播营销做好了，这是很聪明的方法。

宠物几乎每个人都喜欢，尤其是那些长得可爱的宠物。利用宠物与观众建立连接之后，无论是卖狗粮还是做其他的内容，都可以产生很好的效果。

除了利用宠物来和人们建立连接，你也可以利用热门电影、电视剧和人们建立起连接。

某主播善于制作短视频。他制作的短视频很有趣，总是能把一些漫威超级英雄电影的桥段，用自己的方式演绎出来。

漫威的超级英雄电影在我国一直有很不错的市场，人们对它的认知度很高。电影《复仇者联盟4》上映之后，票房一路高歌猛进，最终取得40多亿元的票房好成绩，位居中国影史进口片票房第一。该主播借助漫威超级英雄电影的热度，吸引到了很多"粉丝"。

在拥有了不少"粉丝"之后，该主播开始做直播。他在做直播，和大家讨论漫威超级英雄电影的剧情时，有很多自己的独到见解，赢得了大家的喜爱。在和大家通过漫威超级英雄电影建立起连接之后，该主播开始向大家推荐他销售的漫威超级英雄玩具。他是开玩具店的，主要经营漫威超级英雄玩具，有钢铁侠、绿巨人、美国队长、雷神等众多超级英雄玩具。

该主播吸引到的"粉丝"大部分是漫威超级英雄电影的影迷，他在出售玩具时，大部分人都表现得很有兴趣，销售情况也很好。

例子中的主播利用漫威超级英雄电影的热度来提升自己的人气，通过漫威超级英雄电影和"粉丝"建立连接，最终营销他的超级英雄玩具，取得了很好的营销效果。他很清楚推广的目的是和观众建立连接，所以他并不急于做营销，而是等和观众的连接牢固之后再开始营销，这种做法非常正确。

在直播营销的过程中，只要能够和观众建立牢固的连接，营销工作就很好开展了。不要在一开始就急着营销，先慢慢巩固连接，等连接牢固之后再做营销。

至于建立连接的方法，应该灵活选择。你所选择的连接方法，最好和你销售的产品有所关联。这样一来，你吸引来的人就是对你的产品有兴趣的人，营销工作更容易开展。

第5章

▶▶

努力：逐渐踏上
成功之路

成功之路一定是布满荆棘的，但是努力能够让你披荆斩棘。哪有平白无故得来的成功，要想成功，你必须先付出努力，流下汗水。做直播营销时，你必须有坚持付出努力的觉悟。只有比别人付出更多，才能收获更多。

高远的目标是通往成功的强大动力

一个人要想变得强大，首先需要有变强的动力。变强的动力并不是来自别人的督促，而是来自一个人的内心。只有树立高远的目标，才能产生强大的动力。那些取得非凡成就的人，都有高远的目标，那正是他们克服一路上所遇到的困难的动力。

在努力去做一件事之前，我们应该先扪心自问："我的目标是什么？是单纯把这件事做成，还是要取得更高的成就？"比如，在做直播营销时，如果只是想做一个普通的主播，做到能够养家糊口就行，你的动力就会很弱。你有可能会得过且过，懒得为了把直播内容做好而付出更多的努力。但是，如果你的目标是成为一个大主播，甚至是创立自己的品牌，你的动力就会强大得多。

在定下目标之后，你再去考虑成功的关键因素是什么。你可以继续问自己："如果将来我成功了，是哪些关键因素促使的？"问出这个问题，你也许就能找到通往成功的路。有时候提问真的很重要，提出问题才会思考，不提出问题可能永远也不会思考。成功有时候就需要进一步思考。

很多人都有过梦想，但有的人的梦想其实只是幻想。梦想并不是不切实际

的想象，它应该有现实意义，应该是可以通过努力实现的。无论遇到什么困难，都不会放弃，都不会去降低标准，都不会停止追求的梦想，才是真正的梦想。一个有梦想的人，他有无限的精力，有强大的行动力，也特别有胸怀，不斤斤计较，即使受点伤害，拍拍身上的灰尘又会振作起来。

没有梦想的人很难有高远的目标，对于很小的事情，他们也可能会耿耿于怀。有高远目标的人很少会被现实绊住脚步，即便被现实绊住了脚步，也不会对他的心理产生负面影响。他们的胸襟总是很博大，这不一定是因为他们的性格有多好，只是因为他们有高远的目标。一个人有多高远的目标，往往就有多大的胸襟。

李佳琦是2020年炙手可热的网红主播之一。其实，早在2019年，他就已经很火了。一句"Oh，my God"让他成为网络上的焦点，他也早就有"口红一哥"的称号"傍身"。到了2020年，他的知名度变得更高，除了直播带货之外，还应邀去一些综艺节目做嘉宾。

在《鲁豫有约》中，李佳琦谈到自己的目标时，说他并不只想当一个网红，而是想打造中国的"丝芙兰"。其实，在直播当中，他也曾表示，想要做一个可以影响世界的中国品牌。从他的这个目标来看，他的格局非常大，已经不只是一个网红的格局了，他更像是一个胸怀大志的企业家。

正因为有高远的目标，所以李佳琦总是充满战斗力，拼命投入到工作当中。也正因为有高远的目标，李佳琦能够忍受一开始默默无闻的状态，最终成为炙手可热的网红主播。

几乎每一个主播在刚开始做直播时，都要经历漫长的"无人问津"的阶段。如果没有高远的目标，你很容易在这个阶段感到沮丧，继而放弃直播，转投其他行业。很多主播就是因为熬不过这个阶段，不能成名。熬过了最初默默无闻的阶段，在获得了流量，变得小有名气之后，如果没有高远的目标，你很容易自我满足，不再像最初那么努力，也就无法取得更大的成就。

反观李佳琦，因为有高远的目标，他几乎时刻保持紧张的状态，从未放松过。在成名之前，他一年可以做389场直播。为了试口红，他反复涂抹，又反复擦除，嘴唇都快裂开了也不肯停下来。在成名之后，他不但没有比以前放松，反而比以前更加努力了。为了在直播时表现得更好，他会将幕后工作做到极致，把自己的时间安排得满当当的，几乎没有休息的时间。在他的心里，已经没有休息的概念了。别人问他希不希望休息一下，他回答道："休息就相当于没有休息。"的确，他连带着家人度假的时候，也要通过直播和大家分享一下当地有什么好吃的、好用的和好玩的。

要想成为非常之人，就要做非常之事，吃别人吃不了的苦，付出别人付出不了的努力。而在这个过程中，往往需要有高远的目标，才能够让你挺下来。李佳琦有高远的目标，所以他把所有的努力都当成了"理所当然"，从没有一丝的抱怨。这样不懈努力，成功自然就不远了。

高远的目标能够让人拼命努力做事，内心的指引会让你的惰性消失得无影无踪。人生本来就是一个生无所息的过程，只有努力行动起来，才能变得强大。

在做直播营销之前，给自己定一个高远的目标，这样你就能激发出自己的潜能，从而激发出强大的行动力。

直播营销唯快不破

在移动互联网时代，新鲜事一个接着一个。营销本来就应该引领潮流，走在众人的前列，直播营销更应如此。要想在直播营销中取得好成绩，你应该明白唯快不破的道理，让自己快人一步。

网上曾经爆出一条碰瓷的新闻。

一辆汽车正在路上行驶，碰瓷者过来碰瓷。正当别人以为车主会百口莫辩时，车上的行车记录仪将整个碰瓷的过程记录了下来，证明了车主的清白。

这件事情之后，行车记录仪一下子火了起来。大多数车主认为，行车记录仪是必不可少的汽车配件，否则一旦自己遭遇碰瓷，会非常麻烦。

这条新闻在网络上被广泛讨论时，主播小贾在自己的直播间卖起了行车记录仪。他专门搜索了新闻当中车主的行车记录仪的品牌，然后进了一批货。在直播时，小贾在直播间的封面上标注了"遭遇碰瓷车主同款行车记录仪"。

> 小贾反应迅速，紧跟新闻事件，顿时吸引了很多网友的目光。小贾的直播间涌来一大批观众，纷纷表示要购买小贾的行车记录仪。小贾的第一批货很快就卖光了，连他自己都很惊讶，没想到观众会有这么高涨的购买热情。

在直播营销活动当中，谁能够更快地对时事做出反应，谁就能抢占先机，取得营销上的成功。例子中的小贾对新闻事件很敏感，快速做出反应，最终赢得了消费者的认可。

做直播营销时，速度就是机会。当你没有大的"粉丝"群体时，一定要抢速度。庞大的"粉丝"群体不是一天两天获得的，但是速度应该是贯穿始终的，不管在什么时候，你都要让观众看到你的速度。在观众的世界里，速度快就是一个非常好的卖点。有时候，他们甚至不会过多计较质量，只要你的速度足够快。

> 薇娅是2020年火遍全网的网红主播之一。她很清楚，网络观众对于主播直播带货的新鲜度是很敏感的，如果主播能够快速推出新鲜的产品，观众的热情就会很高涨。
>
> 在薇娅的直播间里，产品的更新速度很快，她会在直播时推荐各种各样的产品，让人应接不暇。她在直播间卖电影票、卖汽车、卖书，还曾经和主持人孟非安排过"云相亲"。
>
> 在她的直播间里，不仅产品的更新速度快，而且产品的新奇程度非常高。2020年4月1日，薇娅在直播间卖火箭，一下子成了热门话题，吸引了

> 众多的观众。最初人们并不认为火箭真的可以卖出去，但直播开始之后订单纷至沓来，最终她成功将武汉的"特产"——"快舟一号"运载火箭的运载服务卖了出去。

还有一点可以利用，就是你的"粉丝"增长速度。你的"粉丝"增长速度很快，也能体现你的实力。当你的"粉丝"很多时，自然而然就会吸引更多的观众，进而收获更多的"粉丝"。

如果你能够在短时间内聚集很多"粉丝"，就会形成一种品牌效应，然后你的直播间的热度会高涨，会反过来促进"粉丝"数量的增长。速度能让别人记住你，也能够为自己赢得更多的机会。千万不要慢吞吞的，直播营销不能拖拉，营销的时机一旦过去，就不会再来。

怀疑行业不如提升能力

不少人在一个行业内做了一段时间后，发现没有太大的起色，就开始产生怀疑。他会觉得这个行业不行，这个行业已经没有什么出路了，考虑是不是该换个行业。三百六十行，行行出状元。很少有哪个行业是真的不行，即便是很多人眼中的"夕阳"行业，只要能够成为行业内的顶尖人物，也会有很好的出路。

与其怀疑行业，不如提升能力。能力越差的人抱怨越多，他们会觉得这也不行，那也不好。反之，能力越强的人越不抱怨，总是低头去做自己的事。

一个主播是做不锈钢加工的，他觉得这门生意不好做，觉得这个行业的市场不行了，想要换一个行业。

事实到底是不是主播主观认为的那样呢？首先，我们要对市场总量进行分析，即把当地全年所有的不锈钢加工生产量加起来，算算总量是多少。然后，在这个市场总量内，我们看一下该主播的不锈钢加工量占多大的比例。这样一比较，我们就会知道，其实不锈钢加工的市场空间非常

> 大，行业并没有任何问题。该主播的生意不好做，可能是因为他的生产速度不够快，导致工厂的产能不足，也可能是因为他的工厂生产出来的不锈钢制品质量不够好，无法获得消费者的认可。但无论是哪一种情况，行业都没有问题，问题出在主播自己身上。

在很多行业当中，都有上述情况出现：行业本身问题不大，一旦自己出了问题，就觉得行业不行了。其实很多人在看待事物时，看到的往往只是自己的情况。自己的生意做得很好，就觉得行业欣欣向荣；自己的生意做得不好，就觉得这个行业不行。这些想法都是不客观的，应该及时纠正。

我国拥有众多的人口，几乎每一个行业都有足够大的市场。一般情况下，行业本身不会有太大的问题，不然就不会有那些在行业中领头的大企业了。如果行业真的不行，大企业经营发展起来同样吃力，有时候越大的企业越容易受到行业状况的影响，诺基亚在手机行业内的滑铁卢就是最好的证明。

市场本身潜力很大，但是你占据的空间很小，这是你自己的问题。有时候，你只是觉得生意不好做了，并没有认真去想为什么不好做了。等你想通了就会发现，是你自己的能力不足，所以才觉得生意不好做，并不是市场方面的原因导致生意不好做。

人们自己身上出了问题时，经常会找外界原因，不觉得自己能力不足，倒觉得市场不行了。这样南辕北辙，无法让问题得到改善。因此，我们在做直播营销时，不要去怀疑行业，而应该努力提升自己的能力。直播营销是一个新兴行业，它拥有广阔的市场，受众非常广泛，它没有问题，有问题的往往是你的能力。

每一年，人们都说生意不好做，但是每一年都有人把生意做好。如果生意真的不好做，也是对那些能力不足的人而言。市场规律本来就是"优胜劣汰"，所以，不要把责任归咎到行业上，应该从自己身上找原因。这才是正确的做法。

如果你不提升自己的营销能力，不创新自己的营销思维，不改变自己的营销策略，你的生意就会一直不好做。很多老板觉得做生意累，累在哪里？他们想把一件事做好，但没有付出等价值的努力。每向前走一步，都需要投入，都需要付出。只有那些在各个方面都不停付出、不停创造的人，才会觉得轻松。

无论在什么时候，提升自己的能力都不会错。即便行业真的形势不好，那些优秀的、懂得不断提升自己能力的人也会屹立不倒。被淘汰的人，都是不去提升自己能力的人。

对一个行业进行分析时，你应该先去看行业的大数据。无论是全国的大数据还是区域的大数据，你都要去看一看。这时候，你的观点会更客观，你会发现这个行业的市场空间还很大。在这个巨大的市场空间面前，你还有很多机会，并非无路可走。

此外，还有一个参照物，就是行业中前三名企业的数据。当你觉得业绩不行的时候，你需要看看位于行业前三名的企业，它们的业绩分别是多少，再开始找差距。如果你发现前三名企业的业绩都很好，那么这说明这个市场还是很大的，主要原因是你自己的能力不行，需要继续提升自己的能力。很多人怀疑行业，究其原因，还是自己该做的没有做到。

要做就做数一数二的

在任何一个行业中，最赚钱的永远是那些数一数二的人，直播行业更是如此。直播火了以后，做直播的人越来越多，但是大多数人赚不了多少钱，只有那些数一数二的大主播才可以赚很多。

在做直播营销时，你一定要记住一个原则：数一数二原则。你要么不做，做就应该做到数一数二的位置，至少也要以做到数一数二为目标。

几乎所有的领域，都遵循数一数二的原则。一个行业的目光几乎全都聚焦在那些数一数二的人身上，因为他们就是流量的化身，他们就是行业里的风向标。这些数一数二的人最容易受到资本的青睐，会遇到无数商机。

在某一个行业中处于数一数二的位置有非常多的好处。所有行业中的最优势的资源，都会集中到数一数二的人身上。这就是为什么我们要拥有知名度，因为只有在一个领域里做到顶尖，才具有"顶端优势"。

如果你的直播营销的效果不能令自己满意，你要试着做到数一数二的大主播位置，这时你就会发现直播营销并不难做。无论你营销的是什么，效果都会

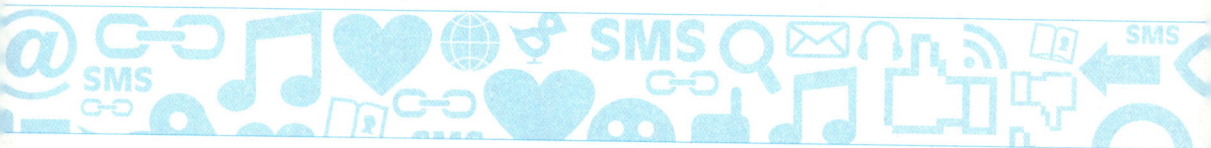

很好。假如你是人气数一数二的大主播，"粉丝"的数量会让你做任何营销都变得非常轻松。你并不需要浪费太多口舌，只是简单的几句话，就可以卖出比名气小的主播多得多的产品。

当你成为行业里数一数二的人，无论是什么事情，大家首先想到的肯定是你。至于其他人，他们都是可以替代的，而你是无可替代、独一无二的。

2020年8月11日，影视明星佟丽娅在抖音人民日报直播间做了直播带货首秀。佟丽娅这次是以好物鉴赏官的身份，参加人民日报以"人民的美好生活"为主题的带货直播的。

人民日报抖音账号拥有超过一亿的"粉丝"量，本身就是一个很火的账号，再加上佟丽娅参演过很多优秀的影视剧，自身的知名度也很高，开播之后，只十来分钟的时间，观看人次就已经突破千万。

此次带货直播中的好物非常多，从手机、电视、电冰箱、洗衣机，到化妆品、核桃、小龙虾、大枣，几乎涵盖了所有日常用品，令观众十分满意，成交金额超过5000万元。

你会发现这个世界上有个定律：成功者做事更容易成功。但是千万不要感到不公平，因为所有成功者都是历经磨难才成功的，你如果很努力，也可以变成成功者。等你成功之后，所有优质的资源都会向你这边倾斜。就像做生意，如果你的公司规模比较大，好多厂家都想做你的代理商，所有的优质资源都会倾向于你的公司。应聘也一样，人们都是先去好的公司面试，实在不

行再做替代性选择。因此，你在直播领域也要做到数一数二。

做直播营销，对平台的推荐是比较依赖的。要想让平台推荐你，你必须做得很出色。如果不能将直播营销做得很出色，你可能会一直沉寂下去。

以下是某主播的直播经历。

"我最开始是在一直播做直播的，当时做得也算是有声有色，现在我的一些'粉丝'是从一直播就跟着我的。在一直播做直播时感觉很累，还有就是觉得别人做得比我好太多，留在这里不能做到数一数二的位置，于是就有了换平台的想法。"

"后来我转到了快手做直播。到了快手，我决定迅速在我擅长的内容领域做到数一数二的位置。然而每个主播都很努力，想要做到数一数二，不付出更多的努力是绝对不行的。于是我苦心钻研，每天用八到十几个小时的时间做直播营销。这种工作强度，我坚持了半年多，终于取得了一定的进展，积累了更多的'粉丝'。其实到现在为止，我每天在快手上的时间也有八到十个小时。"

很多人都想成功，也想做到行业内数一数二的位置，但是在付出方面、行动方面、执行方面、坚持方面，都需要做到极致才有可能实现。

无论做什么事，你一定要遵循数一数二的原则，在直播营销领域更是如此。前期你可以差一点，这没关系，但是心里必须要有一个信念，即要努力做到行业内数一数二的位置。

种下这种信念的种子，每天努力一点，持续朝着这个目标努力，总有一天，你会实现这个目标。如果你没有这种信念，干了好多年，都没想过这个问题，你可能永远也无法做到。

树立权威，打造招牌

在努力踏上成功之路前，你应该注意树立权威，打造招牌。有了权威和招牌之后，所有的事情都会变得更轻松。很多品牌之所以有那么高的价值，就是因为让消费者非常放心。

移动互联网时代有非常多的机会，如果能够抓住机会，人们就可以在一夜之间火遍网络。有了热度，吸引到流量，做营销就会事半功倍。

这是一个每一场直播都有可能改变你命运的时代，前提是你得去动脑筋，在平时直播时就做好准备。现在有一些主播，他们成名了，变成了数一数二的大主播。但是很遗憾，他们被人挖出以前没成名时的不当言论，被平台禁播。这就非常可惜。这是因为他们在成名之前不注意自己的言行，没有做好成名的准备。如果你想要成名，在任何时候都要注意你的言谈举止，打造你自己的招牌。

当你准备好了，机遇就可能会垂青于你；如果你没有准备好，机遇一定不会垂青于你，反而有可能给你带来灾难。如果你是个小主播，犯点错误没人在意。但是你一旦成为大主播，就像明星一样，你所有的言谈举止都会被别人放

大。你很容易因为一件小事跌倒，而且之后不一定能爬起来。有不少大主播都经历过这样的事，因此你一定要引以为戒，在任何时候都要谨言慎行。

树立权威、打造招牌是非常重要的，这样很容易被人们记住。

> 在快手上有一个扮演孙悟空的主播，他扮演的孙悟空和电视剧《西游记》里的孙悟空形象非常相似。这个主播是学过猴戏的，平时也会参加一些演出活动。他做得很不错，在快手上招牌打得很响，同时在猴戏表演方面树立了自己的权威。
>
> 其实在快手上表演猴戏的人不止他一个，也有其他人表演猴戏，功底和他不相上下。但是那些人就是没他火，原因在于他是第一个在快手上表演猴戏的。他占了个先，树立了权威，打造了自己的招牌。后面的人即便和他水平差不多，也很难超越他。

树立权威非常重要。你如果成了行业内的权威，并打响了招牌，那么你做的那个领域越火，对你越有利。这个领域其他所有的主播就像是在免费帮你挣人气一样，你的优势会越来越大。

> 以下事例说明了权威和招牌的强大之处。
>
> "我当初做玥玛锁的策划时，第一次花了二三十万元，后期再做，花了五六十万元。等到这个品牌有了知名度以后，树立了行业内的权威，它就有了很大的优势。后来又有锁厂和我联系，但是它们的品牌再想做起来就很难了，至少很难超过玥玛锁。这就是权威和招牌的强大之处，一旦起

来，很难再被打压下去。"

很多人对树立权威和打造招牌的认识不够，不知道要去抢占先机。天时地利人和对每个人都非常重要，"天时"需要你自己去把握，它不会等你。现在很多直播平台上还有机会，有不少先机等着人们去抢占，就看谁有这样的觉悟了。

第6章

▶▶

提升：总结经验，做到更好

人一定要不断总结经验，努力提升自己，这样才能变得越来越强大。在做直播营销时，你要不断总结经验，思考方法，学习技巧，调整眼光，不断提升自己，让自己不断进步。

不断学习才能拥有更大的格局

要想把一件事情做好，你必须不断总结经验，同时要不断学习。总结经验是为了不犯已经犯过的错误，不断学习是为了拥有更大的格局。不学习绝对不行，孔子告诉我们"思而不学则殆"，不学习就会落后，不学习就无法拥有更大的格局。

人总是在不断学习中进步的，学习不仅仅是读书，也不仅仅是跟着老师学习。想要学习的人，会找到一切可以学习的目标。他们会向周围的人学习，会向自己的对手学习，会向一切可以学习的事物学习。

做直播营销时，除了学习相应的直播营销知识之外，你一定要向对手学习。研究你的对手，你就能学到更多。要了解你的对手，学习他的优点，对他的缺点引以为戒。了解你的对手，也能够帮助你确定自己的优势。

找到自己的优势非常重要，你知道了自己的优势是什么，也就知道了要在哪些方面加强学习。通过学习强化优势，你就会变得非常强大。

某主播非常善于学习，在学习时绝不盲目。他总是先确立自己的优势，然后有针对性地进行学习。他会先对自己进行定位，他知道不定位就不能确定方向，那样就不会有未来。经过思考后，他发现自己的优势是口才好，于是他决定在直播平台上卖茶叶。他的茶叶很新鲜，价格也比市面上的便宜一些。

但是，他做了一段时间的直播之后，发现效果不是很好。于是他开始向其他主播学习，看看那些比较火的主播都是怎么做的。很快，他有了自己的想法。

他认为自己把茶叶的价格定得过低，观众一看就觉得可能不是好茶叶，不然不会卖这么便宜。因此，他决定把茶叶的价格提高，并且提高包装档次。他的格局一下子打开了，目光看到了更远的地方。

经过一段时间的经营后，他的直播间来了很多人。人们看他的茶叶包装精美，价格也比较合理，觉得是好茶叶，纷纷购买他的茶叶。把自己的直播间做好后，他又找了几个做直播的人，一起来卖茶叶。最后，他的圈子发展得越来越大，生意也越做越好。

善于学习的人不一定非要去读书，在生活里处处都有值得学习的地方。眼睛看到的事情，只要在脑子里想一想，你就能学到点东西。例子中的主播从其他主播那里学到了一些知识，知道自己的茶叶不应该卖得太便宜。他的格局也打开了，不再想着偏安一隅，而是想做大做强。这样的信念，为他后来的成功打下了基础。

越成功的人对学习越有明确的需求，越普通的人越没有学习的概念。高手时时刻刻都在学习，就算是不读书、不听课，他们也能从日常生活的点滴当中

进行学习，或者从自己的对手那里学习。

这个时代是个飞速变化的时代，现在流行的事物，可能明天就已经过时了。如果你没有学习的能力，就会永远都跟不上时代的节奏，更不要说走到时代的前沿了。有的人不是没有学习的能力，而是没有学习的想法。没有学习能力可以培养，没有学习的想法就很难实现目标了。

某主播直播营销做得很好，在直播平台上的人气也是数一数二的。这让他觉得自己很厉害，能引领潮流。当别的主播都在学网络上最流行的内容以求改变时，他偏偏不去做，依旧按照自己的喜好做内容，并说这是他的风格。

结果，没过多久，他的"粉丝"数量就下降了很多。该主播这才知道，他和其他主播脱离了联系，没有及时学习新的内容，变成了孤立者。这是很多"粉丝"不愿意看到的，他们觉得主播做的直播内容很不合时宜，就选择了离开。

学习对每个人都至关重要，尤其是做直播营销时。很多主播都在变着花样吸引观众，当一个内容在网络上流行起来，你如果不去学习和改变，观众就会觉得你很落后，跟不上潮流。

你必须时刻保持清醒，去学习那些优质内容。即便你以前做得很好，也不能保证你今后也能做得很好。如果你不学习，就会被别人甩在身后。不要有任何的自满，清空你的思想，让自己变成一个空杯子，去吸取那些有用的知识，不断学习，你就能变得更强，而且不会被时代所抛弃。

想赚钱就要先花钱

你想要赚钱，往往就需要先花钱。如果你对钱很吝惜，是很难赚到钱的。不少人都知道，投资是最好的赚钱方式，没有投资的勇气也就不会得到赚钱的喜悦。

那些成功的人一般会对自己进行包装，把很多钱用在个人包装上。对直播营销来讲，实际上花钱就是一种包装，也是一种炒作。它能给你带来热度，这个钱实际上花得很值得。

直播营销和传统营销不同，有时候为了提高自己的热度，花一些钱非常值得。这些钱花出去之后，还能够再赚回来。如果你不花这些钱，可能一分钱也赚不到。唯一的缺点，就是它的收益来得没有那么快。当你的人气上来之后，还得把这些人气变现，你的成本才能收回来，这个等待的过程确实让很多人望而却步。

在现实当中，很多营销工作人们都会做，但是一搬到网上，变成直播营销，很多人就做不来了。网络营销不是每个人都能玩转的，花出去的钱不可能马上就能赚回来，它需要一个过程。所以我们有些时候不能只看眼前的事，要用长远的眼光，看到未来，慢慢向前走，慢慢把投出去的钱赚回来。

　　一个人一定要有意识地提升自己的眼光。你应该懂得怎样去花钱，该花的钱一定不要省。你用钱来塑造自己的形象，那么最终形象帮你赚到的钱会更多。如果你因为舍不得花钱，没给自己塑造一个好的形象，那么你可能一直无法变强。你不是输在了能力上，而是输在了想法上。

　　某主播在直播平台上做直播营销，想要寻找一些客户合作。他是一个公司的老板，但是这个公司目前只是个小公司，资金也比较紧张。因此，他舍不得花钱，穿得很普通，办公室也没有几件像样的家具。在直播时，观众看到他和他的办公室，就觉得他是个没有什么实力的人。

　　他做了一段时间的直播之后，觉得效果不好，就去问别人为什么会这样。人家告诉他："你穿得太寒酸了，办公室里的布置也很简陋，别人看了你的直播以后对你的实力表示怀疑，怎么会跟你合作呢？"他觉得人家说得在理，于是马上买了两套名牌衣服，把办公室重新布置了一下。再次出现在镜头前时，他整个人看起来比之前好多了。

　　又做了一段时间的直播，他直播间的人数多了起来，也有人表示想要和他合作了。

　　你必须舍得花钱去塑造自己的形象，有时候形象就是第一生产力。例子中的主播一开始不注意自己的形象，舍不得花钱，结果直播效果不好。等他花钱把自己的形象调整好之后，直播营销的效果就好多了。

　　做直播营销时，你应该把自己周围的环境处理好。无论是你自身的形象，

还是你的办公室、你的店面、你的工厂，都应该处理好。如果你确实打算做直播营销，就应该先花一点钱把这些做好。

先花的钱是小钱，它会让你赚到更多的钱，一定不要吝惜投入的这点钱。一个整洁的环境能净化你的心灵，能提升你的约束力，能无意间规范你很多东西。其实有些时候我们打扫卫生，扫的不是地，而是心，是清理自己内心的过程。细节决定成败，很多人都懂这个道理。一个人成功了，不是因为干了多大的事，所有的成功者都只是把小事做到了极致，细微之处见真章就是这个道理。

影响力的核心是思想

一个主播要想有影响力，人气很重要，但这并不是最重要的。影响力的核心其实是思想，只有思想才拥有穿透人心的力量。

一个人可以包装自己，让他的外表看起来光鲜靓丽，但是他的思想很难包装出来。一般情况下，思想是做不得假的。一个主播如果拥有深刻的思想，他的影响力将会大增。

思想是比形象更有影响力的，形象只是让别人第一眼看到你时喜欢你，而思想所带来的是长久而深远的影响力。一个主播有了思想，他就会拥有很多铁杆"粉丝"。相反，一个主播如果没有思想，他的"粉丝"就不会对他那么死心塌地。

一个有思想的人，他说完话之后，能让别人进到他的思想框架里。很多主播都在形象上对自己进行包装，但是忽略了思想方面。一个人形象很美好，但是思想很空洞，依旧无法对别人产生太大的影响力。

一个人形象上注意了，但是没有思想，就不能在别人心中构建影响力。真正的影响力，是让别人的脑子里装着你的思想，而不是让别人的脑子里装着你

的外表。当别人脑子里装着你的思想，就不会轻易变心了。

那么，你要提炼出你的思想，然后努力把你的思想变得更科学、更符合逻辑。只要你想让别人崇拜你、认可你、相信你，就应该在注重形象之外，更注重思想。

人不仅要有思想，还要有梦想和理念。

> 格力电器的董事长董明珠女士是一个非常有想法的人，她有思想，有梦想，也有理念。在做直播时，一般人就是直播带货，将卖出更多的产品作为自己的目标。但是，董明珠做直播时并不把卖货摆在首位，而是将传播格力的文化，让观众对中国制造业有更深的认识，作为自己直播的目的。
>
> 董明珠的直播带货非常成功，不仅卖出了很多产品，还让人们更加了解格力，对格力的产品更加放心。董明珠身上所体现出来的中国企业家的思想、理念，以及梦想和格局，让人感到十分钦佩，对格力电器也产生了亲切感，留下了很深的印象。相对于直播时卖出多少产品而言，这是更重要的，这为格力将来的销售打开了更广阔的市场。

有思想的人总是舍得付出，舍得为观众提供更好的服务。更好的服务当然需要花费时间、精力、金钱，但这种付出很值得，这种成本最后观众其实会埋单。

有思想的人都有自己的理念，很多做直播营销的人没有自己的理念，心里只想着利益，这样不可能产生真正强大的影响力。真正强大的影响力一定来自

思想，来自理念的碰撞，来自灵魂高度上的认可。

很多人都说"小胜靠智，大胜靠德"。一些技巧层面的内容可以吸引人，但无法产生根本上的影响力。要想产生影响力，就必须把表面的花哨去掉，用思想去征服别人。

这样，你在直播营销时所表现出来的气质、气场会和别人不同，你会对观众产生更强的吸引力，让他们不但接受你的产品，还认可你的为人。

直播营销并不是一份完全看技巧的工作，最重要的还是思想。你的思想更深刻，在营销的过程中表现得更有德行，你就会更受大家欢迎，对人们产生更强的影响力。

从人性的角度看，很多人不是没有头脑，只不过不愿意动小心思。耍小聪明很难取得大的成功，大的成功一定有正确的、深刻的思想做支撑。

有了深刻的思想，直播营销的影响力上来了，你再好好去赚钱。这样赚到的钱问心无愧，你会感到很幸福、很踏实。

会经营的人都在经营人心

不管各行各业怎样去经营，真正会经营的人只经营一点，就是人心。做直播营销也是同样的道理，把人心经营好了，也就把直播营销做好了。

实际上，经营归根到底是在经营人心，直播营销的经营同样如此。

不管你直播营销时销售的是什么产品，只要把人心经营好了，都能够把销售工作做好。

如果你没有带动"粉丝"给你刷礼物，不注重在直播平台上的排名，也不在意你的产品卖得好不好，只是经营人心，这样能不能赚钱？也可以赚钱。而且你把人心经营好了，再把前面的那些注意一下，就可以赚到大钱。但反过来就不行，你只把前面的经营好了，没有注意人心，你的直播营销不会持续火太久。

一个懂得往别人心里走的人，才是高明的人。你不往别人的心里走，不去经营人心，你也就无法得到别人的真心。

你经营人心，让别人满意了，让别人舒服了，你就能赢得别人的真心。很多事情表面上看起来很复杂，但它的本质是很简单的。

在做直播营销时，你要想办法走进观众的心，想办法让观众把心交给你。得人心者得天下，得人心者得市场。

　　某主播在做直播营销时很注意经营人心。虽然他也很希望观众购买他的产品，但是他从来不会对观众说："你们买我的产品吧！我的产品比别人的好，过了这个村再没有这个店了。"

　　相反，在一些对产品的认知有偏差的观众想买产品时，他会主动告诉他们："你的想法是错的，也许这件产品并不适合你。"对于产品的一些瑕疵，他从来都不避讳，总是第一时间就告诉大家。

　　有的观众在直播时给他送礼物，他也不要大家多送，总是叮嘱大家量力而行，不要只顾着送礼物，把钱都花光了。

　　该主播没有把赚钱放在第一位，他把经营人心放在了第一位。很多观众都喜欢他的待人真诚，因此成了他的"粉丝"。他的人气越来越高，他所卖的产品的销量也节节攀升。

当你努力经营人心时，别人一定不会让你失望。我国讲究礼尚往来，当你真心对别人好时，别人没有理由对你不好。例子中的主播，看似损失了一些收入，但最终收获了更大的成功。

在经营人心的同时，你也要注意不忘初心，从而吸引到更多的人。你的初心应该是帮助用户解决问题，给用户提供服务。当我们帮助别人时，我们也会获得欢乐。我们不要总想着赚钱，要把营销当成给用户解决问题和提供服务的机会，这种心态就对了。

不忘初心，你就会有更强大的创造力，同时你也会从工作中收获快乐。

你的营销工作应该建立在帮助别人的基础上，只要能帮到别人，你就不用担心赚不到钱。永葆为顾客服务的心，慢慢你就会把营销做起来了。服务是直播营销的本质，谁能在服务上做到极致，谁就有未来。

永远都要往上走

做直播营销时，你一定要往上走，永远不要停下来。

我们从小就知道要"好好学习，天天向上"，但是长大成人后，很多人就把这句话忘了。他们往往被负能量侵占，每天都感觉疲惫不堪，根本没有向上的动力。

做直播营销，不管你现在做到了什么程度，别停下来，继续往上走，这样就对了。人一定要往上走，才能不被别人落下。实际上，如果你不往上走，就算不被别人落下，也会被自己的惰性所侵占。

要想取得比别人更大的成功，你必须付出比别人更多的努力。如果你只是遵守八小时工作制，那么你很难突破自己。要想有更好的未来，成为比别人更强的人，你就不要在意八小时工作制，该工作就工作，别在意是否已经下班了。

很多人都认为加班是给别人加班，其实并非如此，你是在给自己加班。时间宝贵，容不得浪费。你如果想快速成长、快速成功，不想浪费时间，你就应该日夜兼程。成功人士都是与生命赛跑，与时间赛跑的。你也必须与生命赛

跑，才能在有限的青春年华里，做出更多有意义的事。

> 小倩直播营销做得非常好，有人问她把直播营销做成功的秘诀是什么。小倩告诉这个人："我可以把我的秘诀告诉你，但是你不一定能做到。"
>
> 原来，小倩把一天当中的大部分时间都用在了直播营销上，除了吃饭、睡觉和一些日常活动，其余的十几个小时都在做直播营销。她每天如此，坚持了一年的时间，才把自己的直播营销做火了。
>
> 这个人听了小倩的话，对小倩这种积极向上的心态非常佩服，也终于知道自己与小倩的差距在哪里了。

一个人往上走，肯定需要付出比别人更多的努力。成功者不一定是聪明人，但一定是努力的人。例子中的小倩能够把直播营销做好，没有特殊的技巧，就是靠踏踏实实去做。但就是这么简单的方法，很少有人能像小倩那样坚持下来。

往上走是一件不容易坚持下来的事，如果能坚持下来，就可以成为强者。

往上走时，你可以和别人一起走，这样你可以走得更远。

人总是会孤独，尤其是一个人的时候。如果你独自往上走，难免会产生孤独感，而你和别人一起往上走，孤独感就会降低。人们往往希望自己获得真挚的友情，想要有一个和自己一起往上走的人。

别人牵住你的手，多多少少会给你点力量。虽然不能保证你一定能取得成功、赚多少钱，但多一个人就多一份心灵上的慰藉，少一份孤独感。

　　一个人开始做直播营销时，卖的产品价格很便宜。依靠便宜的价格，她收获了自己的第一批顾客。做直播营销的时间久了，她卖的产品价格提高了。顾客觉得很不理解，问她为什么产品的价格高了。她告诉顾客，她现在开始卖质量更好的产品了，所以价格相应提高了一些。

　　做直播营销期间，她不断提高产品质量，不断往上走。最后，她开始卖奢侈品，并从海外给"粉丝"代购商品。虽然这可能算不上多大的成功，但她一直在往上走，从来没有停下来。

　　往上走是一种精神，同时也是一种积极的态度。不管你每一次走的步伐有多大，一定要往上走，不要停下来。做直播营销如此，做其他工作也如此。

如何成为快手直播达人

第7章

▶▶

不容错过的风口——
快手直播营销

快手是较早诞生的直播平台之一。快手平台对每个用户都非常友好，它的包容性强，受众范围很广，用户数量很多，是一个不容错过的直播平台。借助快手这个平台，你可以快速做好直播营销。

快手直播的前世今生

在众多直播平台中，快手是较火的平台之一。现在很多年轻人的手机上都有快手App，闲暇时他们会打开快手看一看，甚至会随手拍个视频传上去。

直播平台有那么多，为什么快手这么受欢迎？首先，快手是较早做短视频的平台之一，积累了大量的用户。开通直播功能之后，快手直播因为内容朴实，受到了很多人的喜爱。

快手的前身为GIF快手，后来更名为快手，是一款短视频应用软件。用户可以通过快手将自拍的视频传到网上，这样其他人就能在快手上看到该用户上传的视频了。快手上的视频大多是十分搞笑的短视频，因此快手成为广大网友茶余饭后消遣时主要应用的软件。

来看一下快手对自己的介绍。

快手是记录和分享大家生活的平台，全球超过5亿用户使用，每天有数百万的原创新鲜视频。在这里，发现真实有趣的世界！

2011年3月，GIF快手诞生。2011年，正是移动互联网风起云涌的时代，成千上万的App在那一年诞生，其中也包括GIF快手。

2012年11月，我们做了一个艰难的决定，从纯粹的工具应用转型为一个短视频社区。转型带来了很多负面影响，但是我们依旧向往着黎明。

2013年10月，转型为短视频社交平台。经过一年多的努力，我们在短视频社交领域大步前进，彻底摆脱了工具化的制约。无论在用户量和用户活跃时长上都得到了大幅提升。

2014年11月，改名为快手。经过两年多的发展，我们发现应用名已经制约了我们的发展，我们一致决定去掉GIF，以一个含义更广阔的名字重新出发。

2015年6月，单日视频量260万条。2015年6月15日，我们的单日用户上传视频量突破260万条！快手的用户有着无比的创造性，无论是在高大上的北上广，还是在遥远的三四线城市。

2015年6月，用户量突破1亿。经过4年多的积累，快手的安卓和iOS用户总量突破1亿！

2015年8月，App Store TOP 30。快手连续一年位居App Store免费榜TOP 30。

2016年2月，用户量突破3亿。2016年，快手的安卓和iOS用户总量突破3亿！

2017年3月，腾讯领投快手。快手完成新一轮由腾讯领投的3.5亿美元战略投资，用于持续提升产品体验和技术研发，探索前沿性的人工智能和视频分析技术。

2017年12月，DAU突破1.1亿。技术驱动带来迅猛增长，实现了DAU

突破1.1亿。

2018年6月，全资收购A站。2018年6月5日，快手全资收购Acfun，在资金、资源、技术等方面给予A站大力支持，A站保持独立品牌和原有团队，维持独立运营。

2019年，我们将在未来的道路上走得更远。

2020年上半年，快手的中国应用程序及小程序的平均日活跃用户数突破3亿。

快手，记录世界、记录你！

发现真实有趣的世界：男人、女人、小孩，不同的地方、不同的人生，同样真实有趣地活着。

忠于自我，并不孤独：拒绝平庸乏味、虚伪矫情，做独一无二、坦荡无畏的自己。我深信，我并不是孤独的一个人。

同一座城，同样的心情：为同一道彩虹惊呼，为同一次堵车心烦。闪闪发光的你，就在身边。

单从快手用户量的急速增长上，我们就已经能感受到它的火爆了。

在快手上做直播的人，大部分都特别朴实。他们说着略带乡音的不太标准的普通话，演绎着搞笑的段子，展示着自己平凡的生活，让人看了以后感到轻松而真实。不同于其他直播平台，快手从诞生那一刻起，似乎就刻上了"平民"的印记。它是属于大众的娱乐直播平台，具有浓浓的"乡土"气息，让人感到无比亲切。

很多在快手上做直播的人，都是社会上原本不起眼的"小人物"。他们或

者是普普通通的员工，或者是土生土长的农民，或者是小店老板。快手直播，开启了普通人的视觉盛宴。

快手上的主播们，通常都是先用短视频开路，吸引了足够多的"粉丝"之后，才开始转战做直播营销。

快手的火爆，是每个人都能感受到的，因为在我们身边，总能看到观看快手直播的人。

快手把握住了时代的脉搏，领悟了直播应该走大众路线的精髓，并且一直朝着这个方向不懈努力。这是战略上的胜利，也是它赢得市场的根本原因。

如果你是一个具有平民气质、乡土气质的人，到快手上直播，一定会收获一大批朴实纯真、谈天说地的"粉丝"。如果你是一个高冷范儿的人，其实也不必太担心，快手上也有很多格调很高的视频内容。

总之，快手是一个记录生活的平台，只要你的生活足够有趣，就可以在快手上做好直播营销。

雅俗共赏的快手是直播营销的绝佳平台

快手是一个雅俗共赏的直播平台，在这里有最接地气的内容，也有格调很高的内容。它的受众非常广泛，在这里做营销，不愁找不到目标客户。

一个好的平台，应该包罗万象。快手就是这样的平台，在快手上做什么内容的直播都可以（除了平台禁止内容），都能找到观众。但你要想一直做下去，想要做好，你必须懂很多。虽然只是做直播营销，但是很多方面的知识你都要懂。你要树立正确的价值观、世界观、人生观，方方面面都要做到位，你的直播营销才能做好。

网络上确实有很多人对快手持否定态度，觉得快手比较低俗。他们的观点是不对的，不能以一部分内容否定整个平台。而且那些所谓的低俗内容，也是一个阶段的产物，并不是快手所独有的内容。现在对网络平台的管理越来越严格，那些低俗的内容一定不会再堂而皇之地出现在直播平台上了。

快手直播平台本身绝不低俗，它只是给人们提供了一个展示自己的平台。其实快手好不好用户说了算，绝大多数快手用户都发自内心地认为快手好，并且快手在很多人心中的地位是不可取代的。快手在开放性、包容性、商务的便

捷性方面是很强的，这奠定了它的市场地位。

快手雅俗共赏，并且有庞大的用户量，在快手上做直播营销再好不过了。

搞活动是为了进行战略转型和战略升级，还是单纯为了做活动，有很大的区别。

> 一个在快手上做直播的主播，平时会拍一些有趣的影视片段，还会模仿电视剧和电影当中的经典片段，他在直播时就和观众讨论拍摄影视剧的一些事。他本身是一个龙套演员，常年都在横店拍戏。
>
> 通过在快手上直播，他吸引了不少"粉丝"。后来他搞了一次"粉丝"见面会，在见面会上遇到了几个同样对影视方面很感兴趣的人，其中一个人的梦想是当导演。几个人一拍即合，决定一起合作，给大家拍摄电影，依旧将拍摄的视频传到快手平台上。
>
> 通过这次见面会，该主播进行了战略转型，开始拍摄真正的影视作品。这使他向正式演员方向迈出了一大步。

例子中的主播能够在"粉丝"见面会的时候进行转型，是非常明智的选择。他不但给自己的未来创造了更多的可能性，还给"粉丝"们带来了新鲜感。他不会失去"粉丝"们的爱，相反，将赢得更多的"粉丝"。

快手是一个非常好的直播平台，各种直播内容都能在这里找到受众。它拥有很强的包容性，能够容纳不同层次和不同领域的主播。在使用快手时，你要充分利用它的优势，借助平台的力量，把自己的直播营销做得更好。

快手直播让你获得更多的亮相机会

明星都希望自己有更多的亮相机会，因为有亮相就有关注度，也就等于有流量。做直播营销时，亮相同样非常重要。在快手上做直播，你可以获得亮相机会，这是你成名的契机。

快手平台上的竞争很激烈，但每个人都有机会。只要能把短视频内容做好，在一定的时间内收获很多用户的点赞，快手平台就会把你的短视频推荐到首页，你就有了更大的亮相机会。有的主播只通过一次亮相，就吸引了大量"粉丝"，瞬间从默默无闻的主播变成人气很高的主播。

小静在快手上做直播营销，但是她直播时的人气一直不高。小静有些心灰意冷，觉得自己做直播可能没有出路。看着别的主播在做直播营销时总能取得很好的业绩，她心里很不是滋味。

就在小静思考要不要退出快手时，有人告诉她别灰心，只要坚持把内容做好，一旦平台给推荐，"粉丝"往往能涨不少。

小静听从了别人的建议，开始专注做短视频。做了几十个短视频之后，终于有一个短视频受到了观众的喜爱，收获了很多点赞，还上了平台的头版位置。小静的"粉丝"经过这次上头版涨了很多，小静再开直播时，直播间的人数明显增加了很多。

这是一个非常好的开始。小静的信心增加了，也明白了快手会给每个主播亮相的机会，于是她安心在快手上做直播，最终成了一个人气很高的大主播。

新人在做直播时，最害怕的就是被埋没。当他们觉得自己没办法脱颖而出时，不但会信心大减，还会在制作视频内容时缺乏积极性。这样制作出来的视频内容往往不会太好，无法赢得观众的喜爱。于是，恶性循环便开始了。

例子中的小静最终守得云开见月明，收获众多"粉丝"，变成大主播，离不开快手平台的支持。快手平台能够给用户提供比金子更宝贵的亮相机会，能够让用户走出困境，获得吸引"粉丝"的机会。正因如此，快手才吸引了那么多人来做主播。

平台如果给你亮相的机会，那很好；如果平台没能给你亮相的机会，你就得自己给自己创造亮相的机会。

某主播在快手上做直播，主要直播唱歌。他唱歌的时候声音很低沉，唱得不是特别好，但是很有特点。不仅唱歌有特点，他还在和观众聊天时表现得憨憨的。观众觉得他好像有点笨，但是歌唱得还不错，一下子就记住了他。

实际上他一点也不笨，为自己塑造出一副憨憨的形象，只是为了让

人们更容易记住他。他的这种方法取得了很好的效果。人们点进他的直播间以后，几乎都能记住他的样子，他的"粉丝"越来越多。当他的"粉丝"数量达到一个比较高的数值时，他直播时经常能够登上热门，给自己创造出了更多的亮相机会。

要想让别人记住你，你就必须要有特点。要想让更多的观众认识你，你就要想办法增加亮相的机会。例子中的主播很聪明，他先用自己的特点去吸引观众，然后在"粉丝"多了以后制造了更多的亮相机会。

做直播营销时，头脑一定要灵活。平台给的机会要抓住，平台没给机会时，自己要创造机会。快手直播平台是会给每个人都提供亮相机会的，只要认真做视频，认真做直播，人人都有机会。

快手直播让每个销售人员都能被发现

现在，电商平台做得越来越成熟了，但是生意比以前更难做了，因为现在的销售越来越多元化了。在这种状况下，直播营销以王者姿态冲进了营销行业。

传统的线下销售者，可能店面在一个不起眼的地方，顾客甚至很难发现有这样一家店存在。有了直播营销这种方式之后，销售者在做直播营销时，就像将自己原本处于角落里的店面开到了人流量很大的商场里一样。这样一来，被顾客发现和光顾的机会就大大增加了。快手直播对直播内容的包容性非常强，几乎所有的销售者都能在快手上找到自己的方向，这就让自己获得了更多被顾客发现的机会。

现在很多卖茶叶的人都把渠道转到了网上，即便是住在大山里的人，也能通过直播平台卖茶叶，这在以前是很难想象的。

> 对卖茶叶的人来说，可以把线下店铺挪至网上，这样就可以省去店铺租金。而对消费者而言，在直播间就可以买茶叶了，谁还愿意到茶叶市场跑一趟呢？

眼看5G时代就要来临，5G时代来临之后，用手机看视频的体验会有很大的改善。比如，到时候我们用的手机就更厉害了，在5G带来的高速信息传输模式下，未来手机绝对会拥有一些更厉害的功能，如手机自带投影功能，想看什么，一放投影就投到墙上去了。未来消费者在网上购物时不需要逛任何店，人工智能会发挥很大的作用。比如，买衣服时，人工智能系统直接会把适合你的几款衣服投到墙上，你选中适合自己的款式后直接下单，衣服就送到家了。而且你的三围、身高都会测量得十分精准，这种技术不难实现，很简单。

未来会产生众多商业综合体，很多生意跟店面没关系，跟行业没关系，行业之间已经没有了界限。比如，卖茶叶的可以卖板面底料，还可以卖杯子，前提是他和"粉丝"有感情。创业已经跟行业没关系了，这就是"粉丝"经济的强大之处。谁有能力搞定"粉丝"、培养"粉丝"、凝聚"粉丝"，谁就有未来，这是一个"粉丝"经济时代。

快手直播给很多人提供了一个做直播营销的平台，不管未来商业模式怎么改变，快手直播一定能够占据一席之地。

小白是做英语教育的，他以前都是在学校里讲课。直播火了以后，他在快手上开设了自己的英语培训班。除了做英语教育之外，他还卖一些英语教学用书。他在学校里讲课时，书只能卖出去几本，他也就懒得再卖了。没想到在做快手直播时，他的英语书居然卖得非常好。小白在快手上一边做英语教育，一边卖书，很快就赚到了不少钱。

　　偏安一隅的营销方式已经过时了，人们应该尝试一下直播营销，说不定就会发现全新的商业契机。就像例子中的小白，他也没想到能在快手上把销售做好，结果出乎他的意料。

　　在快手上做直播营销，不再受地域的限制，每一个销售者都会有被发现的机会。

做快手直播营销是花小钱办大事

对传统营销而言，仅广告宣传这一项就需要花费很多钱。与传统营销相比，做直播营销推广，根本用不着花那么多钱。在快手上做直播营销，有时候也需要花点钱来运作，但都是花小钱办大事。总体来看，直播营销比传统营销要省钱得多。

在快手上，你也可以花钱推广自己的一些内容，为自己赢得"粉丝"。

某主播在快手上做直播，花200元推广自己的短视频内容。200元可以在快手上推广一段时间，在这段时间里，他的短视频内容会挂在快手首页上，帮他吸引观众。

这个主播很聪明，他会在自己开直播之前把自己的一个短视频推到快手的首页上，然后按照浏览量付费。他在直播的时候，这边直播，那边推着短视频引流。他一般在开播之前十分钟，就要把短视频推上首页，然后经过几分钟的审核之后，短视频就挂到了首页上。这时候开播，观众通过短视频发现了他，就有可能进入他的直播间来观看。

在快手上做直播营销，是花小钱办大事，一次推广就可能会帮你解决大问题。有时候做不了几次推广，你就能成为拥有几十万"粉丝"的大主播了。

板面哥以前做板面加工，发展加盟商，喜欢做他这个生意的可以开个面馆。后来他开始卖板面底料，卖给普通消费者，让更多人在家里煮面条、炖菜、炒菜、做火锅时都能用这种底料。

他的底料很好吃，有的人想加盟。以前他只发展加盟商，花了很多人力和财力，但是发展速度并不快。假如说他不发展加盟商，把战略焦点放在卖底料上，赚钱可能比以前更多、比以前更快，而且无意当中加盟商也会比以前多。

在做直播营销时，一定要懂得做战略思考，这样才能花更少的钱，办更多的事。板面哥经常在一些比较火的主播那里挂榜，找到了很多的战略合作伙伴，把营销工作做得非常好，而且并没有花费多少钱。

在快手上做直播营销花点钱其实没什么，就算花钱，也不会花很多。你完全可以把这钱当成出门旅游花掉了，或者是做社交活动的合理花费。这些钱花得非常值，花很少的钱就能认识很多人。

假如你花一次钱能够收获100个"粉丝"，这100个"粉丝"帮你增加了人气，还可能会帮你进行宣传，一来二去，你就拥有了更多的"粉丝"。

在快手上做直播营销时，不只是在做营销，其实也是在结交朋友，有了朋友就好办事。如果你有了一个"粉丝"量达到10万+的快手账号，你要好好做好这一个账号，用心去做，慢慢地就和"粉丝"建立了感情。拥有一个"粉丝"量达到10万+的账号，你只需要一年从一个人身上赚10元钱，10万个"粉丝"就是100万元。从一个"粉丝"身上赚10元钱不是什么难事，是很可能做到的。

有的人在直播时投入很多钱，眼睛都不眨一下。这些钱看似很多，其实对于他赚的钱来说，只是小钱。

有的人三个月赚了4亿元，大部分人都认为是炒作。三个月赚4个亿真有可能，因为他有1 000多万的"粉丝"。从一个"粉丝"身上赚100元钱，总和就有10多亿元，如果他卖的是消耗品，则完全有可能。

直播营销是花小钱办大事，绝对比普通营销花钱少，不用在花钱时太担心。传统的营销广告一打就是几千万元的广告费，大企业的广告费更是高得吓人。在直播平台上花的钱并不多，几百块钱就足以营造出一定的声势，给你赢得很多"粉丝"了。

放心大胆地在直播营销中花一些钱，它将带给你丰厚的回报。如果你不舍得花这点小钱，你将失去很多赚钱的机会。

第8章

▶▶

从零开始学快手直播

做直播很简单，就算是没有任何直播经验的人，也能够自己摸索着学会直播。不过，要想在直播时表现得更出色，把直播营销做得更好，你还是需要学习一下的。

时代不会等你，你必须快速从零开始

这个时代的节奏就是一个字——"快"。没有人会等你，你必须快速从零开始学会做快手直播。

在直播行业当中，不管男主播还是女主播，颜值高一点总不会有错。为此，你得学会调节摄像头和灯光。快手上的大部分主播是用手机做直播的，用手机直播时摄像头的调节难度不大，主要还是灯光的问题。

一、灯光

经常看到网上有人吐槽电视剧的灯光问题，有些明星本来很漂亮，就因为灯光不到位，结果拍摄效果非常不好，显得整个人又黑又老。相反，那些灯光打得好的，演员看起来就干净清新，甚至仙气十足。做主播时也是如此，灯光好不好，会对颜值产生直接的影响。

在直播时，主播一定不要处在背光的位置，一定要让光线从正面投射到脸上。因为是在室内，还有些主播会在晚上观众有闲暇时再开直播，所以自然光线是不够的，一般要借助灯光。灯光除了要从正面投射之外，还

应该柔和一些，不能让人产生炫目感，光线也不要太强，这会导致人物看起来失常。

二、服饰

"人靠衣服马靠鞍"，穿衣打扮对每个人来说都非常重要，对"靠脸吃饭"的主播显得尤为重要。

整体来说，服饰搭配合理，能带给人一种非常和谐的感觉，会令人产生非常好的视觉享受。在服饰的颜色搭配上，要注意以下几点。

1.把握基调

服饰整体以什么颜色为主，这一点要把握住。这种主要的颜色要作为主色，面积要大于其他颜色，另外，其他颜色不要太杂。

2.颜色要协调

如果一套衣服中有一种特别深的颜色和一种特别浅的颜色，那么应该找一个中间色来过渡一下，这样才能达到协调的状态。

3.上装和下装颜色相匹配

上衣、裙子和裤子等的颜色一定要相互匹配，这样才能给人浑然一体的感觉。如果颜色相互冲突，会给人一种生拼硬凑的极难受的感觉。

三、特色

做主播，没有特色就不能更好地持久发展，早晚会被淹没在众多的主播当中，再也没有人能够记起你。

以前只要是人才，走到哪里都吃香，但现在不一样了，人才遍地都是，仅仅有才华还不够，必须有自己的特色，才能吸引观众的眼球。千千万万的主播当中，哪一个没有点才华，但大家都有才华，和大家都没有才华是一样的，反正大家半斤八两，同质化太严重导致谁都不突出。

因此，不要用一些普通的才艺去吸引观众，用大众化的才艺赢得"铁粉"是不能长久的。如果有某一方面的特长，你要将特长发挥到极致，做别人做不到的事，那才是真本事。

四、真诚

现在在网上经常能看到人们说"自古真诚留不住，总是套路得人心"，其实事实并非如此，尤其是对主播来讲，真诚才是最能打动"粉丝"的。

看看那些影视明星，我们能得到很多启示。有些影视明星在"粉丝"面前装出各种样子，用套路"迷惑""粉丝"，企图留住"粉丝"的心，结果"粉丝"却纷纷离开。有些明星则很少做表面上的事，只会告诉"粉丝"不要追星，过好自己的生活才是最重要的，结果"粉丝"却不离不弃。

套路也许能够得人心，但得到的人心都是一时的，不会长久。主播如果用套路收买人心，最终肯定会被拆穿，到时候不但"掉粉"掉得厉害，还会给主播带来极为严重的声誉影响，得不偿失。

主播无论做了什么事，无论是对还是错，一定要对"粉丝"坦诚相待。这份真诚"粉丝"一定能感受到，从而更喜爱主播。

五、话题

主播们在直播时要和"粉丝"聊天互动，这是"涨粉"与和"粉丝"建立深厚感情的重要方式。但是，在聊天的时候，一定要避免说那些容易引起纷争

的敏感话题，否则可能会招致一些人的反感，甚至会引发一场网上骂战。

网友们人数众多，来自全国各地，有着不同的喜好，主播在网上发表任何言论时都应该慎重，否则会引起"战争"。

普通人不经意间发表的言论，传到网上有时都能引起轰动，主播们整天与网络打交道，所说的每一句话都能被众多网友立即听到，因此，更不能说容易引起纷争的敏感话题。

主播们在聊天时应该避免说那些具有攀比性，抬高一方贬低一方，一竿子打翻一船人，"黑"某人或某事的话。

定位是做好直播营销的基础

要想把直播营销做好，定位非常重要。

你一定要做好定位，并体现出定位的特色，然后你才会有你的地位，地位取决于你的定位。网络上有很多做直播营销的人，人气也不低，但是地位不高。地位取决于定位，定位没有搞好，地位就上不来。

所以说在网络上做直播营销时，一定不要胡乱做。一旦你的定位确定了，你在大家心中的印象就定下来了，想要改变是很难的。

网络上也是有公信力的，无论你是卖茶叶、卖水、卖吃的还是卖化妆品的，都需要靠公信力。公信力是靠时间培育的，没有足够的市场培育不出公信力。

"粉丝"对你不够信任，那是因为你还没有在他们心中树立好形象。假如你在"粉丝"心中树立了好的形象，你一定是会被他们信任的。这种信任就是公信力。

公信力跟知名度不一样，知名度不代表公信力。我们在做直播营销之前，一定要确定自己要做什么，然后把自己的形象树立起来，那么你在"粉丝"心

中就有地位了。

你要想将来在消费者心中有地位，就要坚持你的定位，至真至诚地用心付出，本着用一生去追求赢的态度，而不是只赢在眼前的态度。你赢不一定要当下赢，有可能赢在未来。但是很多人就是接受不了当下不赢这件事，心态太差，总是很急躁，总想着必须立即赢，这是很不好的。赢并不是一蹴而就的，它需要一个过程，你得耐心等待。

你首先要学会做一个不输的人，再去追求赢。在直播中，账号被查封不一定预示着你会输，但是，在网络当中没有风向标了，没有核心了，在"粉丝"心中的定位没了，你就输惨了。

在直播营销中，你还要做到苦心经营。何为经营？经营就是努力打造你的特色，赢得观众对你的好评。你所有的努力都是为了让观众这么认为。如果说你的定位不能满足消费者对你的期待，那是产生不了价值的。

直播营销不是一件简单的事。尽管现在快手上的直播营销很火，但做起来没那么简单。不是说实体经营不好，也不是说网络经营不好，二者只是销售模式、销售平台不一样，但是经营的理念是一样的。如果说你不懂得经营理念，在快手上你也不一定能火起来。

> 小成在直播营销时把自己定位成一个卖精致产品的人。他对商品的质量比较挑剔，进货时总会选择质量比较好的商品。他总是在直播时向观众强调，他卖的商品质量好。经过长期努力，小成在观众心中树立起了良好的形象。人们都觉得他卖的商品质量很好，购买他的商品时非常放心。

做好自己的定位，就能在直播营销的过程中省去很多力气。大家对你有了固定的印象，不需要你多说，就知道你卖的商品是怎样的。

定位非常重要。如果你的定位模糊不清，整个直播营销就不知道该往哪个方向去发展了，观众也会对你的直播营销没有固定的认知。在网络上，很多人不会去想定位的问题，往往想做什么内容的直播营销就做什么内容的直播营销，这是错误的行为。

在做直播营销之前，你要先把定位搞清楚，再去做营销。有很多"网红"，热度也行，知名度也行，人气也行，就是在"粉丝"心中没有地位。这相当于他们只做业务方面的事，没干经营方面的事。在消费者心中树立权威，这才叫经营。

看任何问题时都不要只看表面。大部分人说快手直播很好，别人都去快手上发展了，你也赶快去快手上发展，这就是盲目跟风，不可取。不是说快手很好，你在快手上做直播营销，你就能赢，你需要懂经营，会管理，会运营，这样即使不在快手上，在任何一个直播平台上你都可以做好，只不过在快手平台上做起来会更轻松。如果你懂这个道理，不论在实体店中还是在网络上，都能做得很好。

在快手上的经营跟在实体店中的经营是一样的，从你注册了快手号，到你把这个快手号打造得有知名度，有美誉度，有忠诚度，都需要付出努力。

良好的心态是直播营销成功的关键

要想做好直播营销，没有良好的心态是绝对不行的。

做直播营销前必须先积累，积累到一定程度才有可能爆发出力量。没有哪个主播一开始就能获得高人气，大部分主播都是经历了几个月甚至几年的努力，才逐渐把自己的人气提升上来。如果没有好的心态，在没人气的时候自暴自弃，不能坚持长期进行直播营销，就很难取得成功。

小安在快手上直播做手工艺品。快手上有那么多有趣的、搞笑的直播类型，小安却选择了看起来没有什么乐趣的制作手工艺品的内容。

小安在直播时很少说话，她就静静地制作，整个过程悄无声息，就像是一场无声的电影。

观众进入小安的直播间后，看了一会儿可能就会离开。小安有时候看到观众点进来，会说一句"欢迎大家"。后来她觉得说这句话用处不是很大，该离开的还是会离开，所以干脆沉默不语，专注制作手中的工艺品。

小安就这样在快手上直播了长达两年的时间。在这两年的时间里，小

安一直坚持着，她每天的工作就是制作手工艺品。

小安默默坚持了这么长时间，虽然没有变成人气很高的大主播，却也收获了一批忠实的"粉丝"。这些"粉丝"也是手工艺品的爱好者，他们有时候会在直播间里安安静静地看小安直播，有时候会购买小安亲手制作的工艺品。

有了这批"粉丝"的帮助，小安直播间的热度渐渐升了上去。购买手工艺品的人越来越多，小安的直播营销终于越做越好了。

小安在长达两年的直播中一直默默无闻，这么长时间的等待，只有心态超级好的人才能坚持下来。例子中的小安心态就非常好，正是她的这种好心态，让她最终守得云开见月明。

直播营销有时候就要凭借倔强的精神，也许再坚持一下就可以成功，但也许这一次的坚持过后还是没有成功。火候不到就是不行，但什么时候火候才到，谁都不知道。这种未知是很折磨人的，但心态好的人能够将这些看淡，坚持把直播营销做下去。

没有良好的心态，做直播不会长久。即便过了最难熬的那段默默无闻的日子，也可能会在火起来之后，因为心态的问题，最终走向失败。很多大主播都是因为一时疏忽，心态没调整好，一下子"崩盘"了。人气跌落下去之后，再想升上来就非常难了。

有的主播在默默无闻时容易自暴自弃，而在有了人气以后，容易放纵自己。

一般每天按时直播的主播，如果哪一天突然有事不直播了，会向自己的"粉丝"请假，并说明今天为什么不直播了，什么时候给大家补上等。但是有

些主播人气很高，觉得自己已经这么火了，偶尔偷一下懒也没有关系。

于是，他不再像刚开始做直播时那样努力，开始经常请假，找各种理由休息。这种情况出现一次两次，"粉丝"还可以原谅。出现的次数多了，"粉丝"也就知道怎么回事了，对主播会心生不满，但不会立即爆发危机。如果主播继续偷懒，"粉丝"不满的情绪不断累积，最终就会一发不可收拾了。

在直播行业，主播偷懒不直播，最终会自食恶果，无论影响力和"粉丝"的关注度，都会下降。这还是在没有竞争对手的情况下。如果有竞争对手，一分一秒的懈怠都不能有，否则就会被对手超越。

在快手上做直播营销的人有那么多。好不容易凭借良好的心态熬出了头，成了有人气的大主播，就应该把好心态维持下去，保持初心，坚持不懈，这样才能一直拥有高人气。如果总偷懒，"粉丝"总是看不到你直播，就会去看别人的直播，长此以往，"粉丝"就流失殆尽了。

刚开始做直播营销时，保持良好的心态是为了不被默默无闻的状态打败。这时候要把直播营销当成自己的一种喜好，想着有没有人气无所谓。这样的心态能够让你放松，最终度过这段漫长而又孤独的时期。

等直播间有了人气之后，心态就要改变一下。不要觉得你是在为自己直播，要当成为"粉丝"直播。一旦你有了"粉丝"，他们就想看到你。你不按时直播，"粉丝"看不到你，他们就会难受。因此，你要对自己的"粉丝"负责，让他们经常能看到你。

不忘初心，以奋斗者的姿态投入直播当中，不怕苦，不怕累，这才是做直播营销时的最佳心态。

做直播时要舍得付出并持之以恒

做直播时必须舍得付出并持之以恒，这样才能取得成功。在快手上做直播营销的人太多了，这么多人竞争，想要脱颖而出，不是靠一次两次的好运气就行的，必须有长久的努力作为支撑。舍得付出才能有回报，比别人付出更多，才能比别人收获更多。

很多人为了追求幸福痛苦了好多年，很多人为了赚钱赔得一塌糊涂。很多时候，我们觉得自己的想法没问题，但是最终还是输了。人生不如意事十之八九，不顺心的事任何时候都有可能发生。这时候你必须对自己说没关系，然后继续努力。谋事在人，成事在天，有时候你努力了，但终究是运气差了一点。

要想真正做成一件事，你要有恒心。如果你想赢，就要输得起，输得起也是一种付出。每个人都想吃果子，前提是你要种种子，种完种子立马就能吃果子吗？你还要去耕耘，去滋养，去等待。但等待后有可能还是没有结果。你辛勤浇灌了半年、一年，就一定能吃上果子吗？付出不一定有回报，但是只要持之以恒地去付出，一定有回报。很多人的问题出在总是换方法、换思路上。失败了要进行思考、改变，但不能盲目改变。一看到付出没有回报，就立即做出

根本性的改变，最终他会把自己大量的精力、时间和财力都浪费在做选择上。每一次选择之后，都走一条新的路，又需要披荆斩棘，最终可能还是不成功。

仔细回味自己的人生，你可能会发现这么多年没有成功，就是因为自己太浮躁、太骄傲、太肤浅。在付出方面，实际上很多人没有做到位，可能每个人都能进行短暂付出，但很少有人能长期付出，尤其是在看不到太大希望时。

所有能赢的人都是因为他们有足够的付出，舍得去付出。很多人就是想赢，但舍不得去付出。舍得是一种智慧。有很多人不得不舍，究其原因，他是在无奈当中付出的，不是发自内心去付出的。这样的付出很难体现出真正的价值，最终毫无收获。

所有能赢的人都是自己心甘情愿去付出的。他们发自内心想去做，并且心里很清楚该怎么做。其实通过生活中的很多事情我们都能够看出这一点。心甘情愿去付出的人往往很沉得住气，即便输了也不在意。而不是心甘情愿付出的人，总想着要回报，内心很急，遭遇失败时往往沉不住气。

平时在参与一些活动时，如果留心一下，我们就可以看出谁的心态比较好，谁是输得起的。随便一项活动、一个游戏，都可以看出来。比如，下象棋的时候，有的人对于输赢非常在意。如果自己赢了，就会很高兴；如果自己输了，心里就不舒服，甚至会拉着对手继续下很多盘，直到下赢对手为止。实际上，输赢没有那么重要，心态比输赢更为重要。不少人在面对输赢时，心态不能保持平衡，赢了就过于兴奋，输了就过于着急，情绪很不稳定。对输赢太过看重，情绪被输赢左右，就会迷失自己的本心。如果不能保持本心，忘了初衷，那么一个人即便赢了，实际上也是输的。有的人可以取得短暂的成功，但成功之后便开始沾沾自喜，甚至忘乎所以。很快，他就会由成功走向失败。而

有的人即便失败了，心态也还是很稳，并不急躁，安安静静地思考自己错在了哪里，为什么会失败，之后他们会改正自己的错误，把事情做得更好，最终取得成功。所以，输赢其实是可以相互转化的，这个结果本身并没有那么重要，重要的是你能够在做事的过程中收获什么，这才是更应该去在意的。做直播时，无论成败，你都可以学会如何把直播做好，那么你可能会有一时的失败，但最终还是能将成功握在手中。对于平时的社交或游戏活动，互动本身才是最重要的，输赢无所谓。忘掉输赢这个结果，去关注过程给我们带来了什么，你的境界就能体现出来。能把心态稳住的人，才是目光长远的人，才是能成大事的人。

> 　　小邱在快手上做直播已有一年多的时间了，人气积累起来了，"粉丝"也有不少。他已经算是一个中等体量的主播，做直播营销时的效果也不错。但是小邱仍努力得不够，他经常在做直播时患得患失。
>
> 　　有时候，一场直播营销做下来，销售情况不是很好，他就开始怀疑自己是不是没人气了，今后几天的心情会一直低落，做直播时也无精打采的，也不想努力了。有时候，直播营销效果很好，他就会很高兴，在接下来的几天当中显得非常积极，又想要努力把直播做好了。
>
> 　　小邱这种一会儿想努力，一会儿不想努力的情况，影响到了他的直播。他的"粉丝"一直维持在一个中等数量上，一直涨不上去。小邱很苦恼，就去请教同样在快手上做直播营销的一位前辈。
>
> 　　前辈告诉他，让他不要在意那些数据，只要埋头努力就够了。当然，数据需要注意，但不能太过在意。把数据当成一种现实的反映就行，要注

意它，但不要一直盯着它。

　　小邱听了前辈的话之后，开始踏踏实实地努力做直播营销，一直坚持了半年的时间。终于，他的"粉丝"数量开始不断上涨，直播间的人气变得更高了，营销也做得更好了。

　　要想把直播营销做成功，一定要坚持。要像例子中的小邱一样，什么都别想，不断努力就行了。在获得利益的时候坚持下去，在没有获得利益的时候依然坚持，这样的人没有什么事做不成。

不执着于当大网红反而能成功

做直播营销的人，谁都想当大网红，这是人之常情，没有任何错。但如果这种想法太强烈了，对做大网红过于执着，就会限制你的发展。

一个人不能没有目标，但对目标过于向往也不行。执着于当大网红，急得红了眼，头脑发热，这样往往会令人看不清现实，容易犯错，整个人可能会陷入一种疯狂的状态，到最后很有可能无法成功。因此，你不要执着于当大网红，要保持一种淡然的心态，反而有助于成功。

世界上的事情总是非常奇妙。当一个人非常想要得到一样东西时，往往偏偏得不到；当一个人不想要一样东西时，可能就得到了。每个主播都想当大网红，但是不要过于执着，而应该保持一种平和的心态，不要抱着"非你不可"的心态。

> 小秦是一个很聪明的主播，平时在快手上做直播营销做得也不错。但是他有一个问题，就是渴望当大网红，每天琢磨着怎样才能成为大网红。
>
> 他整天这么想，慢慢就把自己当成大网红一样看待。这时候，他看

谁都觉得不对，看到一个主播比较火，就想：这人会不会成为我的竞争对手？只要看到别人比较火，他就会产生戒备心理。这样一来，他就逐渐自我封闭了，跟别的主播关系都不太好。

人要想成功，往往需要有朋友的帮衬，独行是很难走远的。尤其是在直播这个行业，没有同行的帮助，路会很难走。小秦总想着要当大网红，把大部分人都当成他的竞争对手，结果和谁的关系都没搞好。他有时候还会跟别的主播争吵起来，在直播间隔空激战。

最终，小秦的人气没能继续增加，反而降低了。时间久了，小秦直播间的"粉丝"也受不了他对其他主播的"神经质"攻击行为，很多都离他而去。

当你对一个目标产生了强烈的渴望，你就会被蒙蔽，继而做出过激的事情来。例子中的小秦就是这样，因为太想当大网红，反而处处做错事，最终以失败告终。

晓晓是个活泼开朗的女孩，在直播这个行业做了三年时间了。她虽然一直都不太火，但是并没有觉得自己有什么问题。她能够自己养活自己，也很享受这种当一个小网红的轻松感。

她平时很努力，每天按时直播，而且每天直播的时间都很长。她最近经常得到平台的推荐，因此被更多的人认识了。她的"粉丝"在一个月的时间里增长了将近一倍，把她吓了一跳。

过了一段时间，她的"粉丝"数量又翻了一番。晓晓不得不承认，自

己已经是一个大网红了。她不知道自己是怎么变成大网红的，但她还是按照以前的直播习惯，坚持做自己应该做的事，每天按时直播，做好自己分内的工作。

晓晓的心态很好，在没有成为大网红时，她对大网红没有特别强烈的企图心，心态很平和。在她成为大网红以后，她也没有骄傲，心态还是很平和。这让晓晓一路走得顺风顺水，非常平稳。

在很多行业，成功都是不断积累得到的，任何时候都急不得。例子中的晓晓在直播行业做了三年的时间，她不疾不徐，一步一步变成了大网红。她没有强烈的企图心，只做好分内的事情，这样的主播实际上才是最强大的主播。

那些急于成功的人，看别人都不顺眼，今天和这个人斗一斗，明天和那个人争一争，没有一刻是消停的。这样的人很难取得成功，他们的心不静，周围也总是乱糟糟的。

当一个主播表现得很急躁时，他的"粉丝"也会是和他同样类型的人。一个理智的人不会喜欢看急躁主播的直播，他一定会选择脾气比较温和的主播。主播是什么样的人，就会吸引什么样的"粉丝"。一个很急躁的主播，领着一群很急躁的"粉丝"，很容易跟人起争执。这样下去别说成功，不被平台封杀都是幸运的。

真正成功的人对他人很谦和，因此别总想着当大网红，和整个行业隔离起来，见人就想攻击，这种心态成不了大网红。

把心态放平和，和周围的主播融洽相处，然后踏踏实实努力，总有一天你会成为一个大网红。这是你脚踏实地、一步一个脚印得来的，实至名归。

第9章

▶▶

进阶为快手
直播高手

要想成为一个直播高手，你不但要有优秀的直播技巧，还要懂得更深层次的直播理念。当你的理念变得深刻时，你才能真正进阶为一个顶尖的直播高手。

以开实体店的观念做直播

进入直播行业后，你需要学会直播技巧。但是只有技巧，你很难成为直播高手。高手和普通人之间，差距不仅仅体现在技巧上，更重要的是观念上的差异。把观念摆正，你才能成为直播高手。

很多人并没有真正地了解直播，他们会把直播当成和传统模式完全不同的形式。实际上，做直播和开实体店是同样的道理。经营一个直播间和经营一家实体店并没有本质上的区别。你的口碑好，人们就愿意来；你的口碑不好，人们就会对你敬而远之。

电商是把实体店搬到了网络上，直播营销等于做电商时还赠送一个推销员。其实三者本质上没有太大的区别，都需要在人们心中树立起自己的形象，然后才能把营销工作做好。

你在快手上做直播营销，在你注册快手账号的这一天，等于在快手平台上租了一间沿街房。现实中租房子要交房租、要装修，很多地方都要花钱，整体算下来要花特别多的钱，这让很多初次创业的人感到痛苦不堪，他们实在拿不出那么多钱来。在快手上做直播营销，不需要租店面，省了很多钱。不过，你

要做宣传，这要花一些钱，但这些钱是大部分人承担得起的。

在经营知名度这方面，直播营销和做实体店也差不多。做实体店时你要打广告，或者要发宣传单，用各种方法让人们知道你开店了。在快手上也是一样，你必须花钱去打知名度，让别人知道你是干什么的。

不过在快手上，你如果做得好，能够省下很多钱。快手会推荐热门视频，如果你内容做得好，免费上了热门，就不需要花钱去宣传了。通过做短视频，有的人就让自己为大部分人所熟知了。

有一次，我去一个地方旅游，跟一个小伙子在一起，他陪了我两天。在太原的时候，我们去乔家大院玩，他拍了一个我下车的短视频。这个短视频的内容很不错，特别有感觉，很多观众都给他点赞，很快就上了热门。

当时我都不知道他拍了这个短视频。这个短视频当时有40多万的播放量，并且播放量还在继续上涨。

有时候短视频上了热门之后，主播不一定会涨"粉丝"。比如有的短视频有800多万的播放量，但是看一下上传短视频的那个主播，他的"粉丝"数量很少，只有几百个。上热门不一定涨"粉丝"，但做快手直播时需要把"粉丝"放在第一位。

这个小伙子很聪明，他的这个短视频虽然上了热门，但他的"粉丝"并没有明显增长。他知道问题出在了什么地方——他应该用更能展现自身的视频内容去吸引观众。为了充分利用这个热门的热度，他立即开始做直播。

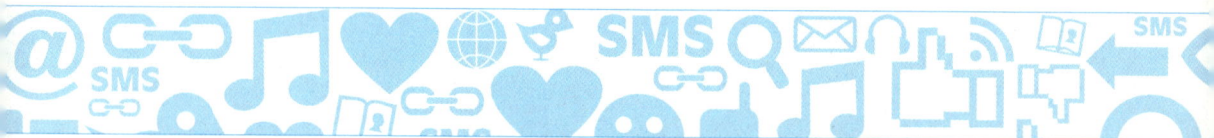

看到他做的热门视频的那些观众，看到他也在做直播，就顺便点进了他的直播间。这个小伙子及时补救，充分利用了热门，把自己的"粉丝"数量提了上去，知名度也提高了。

通过将高质量的短视频推上热门打开知名度，几乎是所有主播都在做的事。与单纯花钱做宣传相比，高质量的短视频更能让人们接受你，它就像是实体店的招牌一样，能帮你招揽观众。

你的快手账号就像是一家实体店，你应该筛选自己的短视频内容，让它们帮你吸引观众。这样一来，当人们点进你的账号后看到的会是优质的短视频，他们可能因此喜欢上你，成为你的"粉丝"。

小华在快手上做直播，她的"粉丝"数量很少，但是她并不在意。她每天都上传一些质量很好的短视频，一直上传了60多条短视频。这时候，她觉得自己的账号已经经营得差不多了，可以开始做营销了。

这时，她开始想办法上热门。她精心准备了一条短视频，然后花钱让这条短视频在"发现"页面上挂了一段时间。她的这次营销非常成功，很多从"发现"页面上看到她短视频的人，都会点进她的账号，看到她有那么多优质的短视频内容，就关注了她。

然而小华知道，只有持续更新，才能赢得"粉丝"的喜爱，所以她继续更新短视频内容，果然吸引到了更多的"粉丝"。

当"粉丝"达到一定的数量以后，小华开始做直播，她在直播间营销产品，取得了很好的营销效果。

例子中的小华把直播间当成一个实体店来做。尽管直播间不需要花钱买，也不需要花钱装修，但她用优质的短视频内容对自己的直播间进行了"装修"。当观众发现她这个账号很有内容时，就变成她的"粉丝"了。

做直播营销就像是开实体店，要先把自己的店铺打理好，不要急着出名。这样你会走得非常稳健，看似慢了，但磨刀不误砍柴工，整体上看，成名反而更快。

互动会像磁石一样吸引"粉丝"

做直播营销时，"粉丝"非常重要。要想留住"粉丝"，并吸引到更多的"粉丝"，你就要和"粉丝"互动。如果把"粉丝"晾在一边，"粉丝"就会觉得受到了冷落，有可能会离你而去。经常和"粉丝"互动，你就会像磁石一样把已有的"粉丝"牢牢吸住，并且吸引来更多的"粉丝"。

很多影视明星都有众多的"粉丝"。他们能吸引到那么多的"粉丝"，并不只是因为他们有好的影视作品，更重要的是他们懂得和"粉丝"互动。有些影视明星出演了一些好的影视剧，但是"粉丝"数量不多，这就是他们不注重和"粉丝"互动的结果。一些"小鲜肉"明星，他们的作品不多，但是他们非常善于和"粉丝"互动，所以很快就吸引到了大量的"粉丝"。

明星们和"粉丝"互动的方法有很多。他们有时候在微博上和"粉丝"互动，有时候会举办"粉丝"见面会，有时候会通过直播软件进行直播……明星们和"粉丝"互动时，会把"粉丝"当成朋友一样对待。"粉丝"们觉得这个明星和自己离得很近，不像别的明星一样高高在上，一副不食人间烟火的样子，自然而然就会喜欢上这个明星。

主播和"粉丝"互动，其实与明星和"粉丝"互动的性质一样。尤其是对一些大主播而言，他们的流量和一个明星已经差不多了。而且对"粉丝"来说，他们会觉得自己喜欢的主播与众不同，也会把自己喜欢的主播当明星对待。

> 小瑜在快手上做直播营销，主要出售一些户外工具。她的直播营销已经做了很长一段时间，收获了不少"粉丝"。她受到"粉丝"们的喜爱，与她经常和"粉丝"互动有很大的关系。
>
> 小瑜经常在户外做直播，她的户外生存技能很强，会射箭，还会捕鱼，身体素质很好。在直播时，她会询问"粉丝"接下来做点什么事情好。"粉丝"给她提出建议以后，她就去做。
>
> 比如，她在小河边上直播时，"粉丝"可能希望她下水徒手捉鱼，她就会挽起裤腿下水捉鱼。虽然她不一定真能捉到鱼，但是和"粉丝"互动的过程非常愉快。有时候"粉丝"希望她钓鱼，她就会在河边安静地钓鱼。如果"粉丝"要她撒网捕鱼，她也会给大家表演她的撒网绝技。

小瑜在直播间经常听从"粉丝"的安排，"粉丝"想要让她做什么，她就力争做到。有的主播总是自己安排直播内容，"粉丝"有时候说得不合他的心意，他就假装没看到。这样的互动就不好，"粉丝"的体验感也不好，"粉丝"的黏性就比较弱。

像小瑜那样多和"粉丝"互动，"粉丝"就会特别喜欢看你的直播。你就会像有巨大的磁力一样，能把"粉丝"牢牢吸住。

其实说到底，大家在网上观看直播，是为了排遣心中的孤独感。和主播交朋友，这是很多人观看直播的目的。因此，他们当然会选择那些愿意和自己互动的主播。如果你的直播内容不是很好，你应该在互动性上多做努力，它能够弥补内容方面的不足，帮助你吸引到更多的"粉丝"。

和"粉丝"互动时，不仅要在语言和行为上进行互动，还可以更实际地互动——多给"粉丝"让利。如果你不知道怎样的互动是"粉丝"更喜欢的，你可以选择最简单粗暴的互动方式——多给"粉丝"做降价优惠活动。

小钱的直播间人气很高，有不少主播看了以后觉得很不解。他们看小钱的直播，觉得他直播的内容也不算多新鲜，吸引力和自己的直播内容相比也差不了多少，这人气上的差距，让他们有些看不懂。

原来，小钱的秘诀在于做促销活动。尽管小钱没有在直播内容方面力压其他主播，但在搞优惠活动这一方面，小钱做的力度非常大。他几乎在每次直播营销时都做活动，每次搞活动的产品不同，但是降价幅度都很大。

小钱的"粉丝"就是喜欢他经常给"粉丝"搞降价活动这一点，每次看他的直播，都能买到自己认为物超所值的商品。

尽管小钱在其他方面没有别的主播强，但是在优惠方面是其他主播比不上的，正是这一点让他拥有了很多"粉丝"。而且"粉丝"不会离他而去，他们会经常看他的直播，并购买他推荐的低价商品。

和"粉丝"的互动，可以是精神上的互动，也可以是在更具体的促销活动

方面的互动。但无论是哪一种类型的互动，主播一定要把"互动"的观念植入心中。

多和"粉丝"互动，"粉丝"就能忽略主播的瑕疵，把主播当成自己的好朋友。没有人会在意好朋友身上的小毛病，也没有人会因为这些小毛病离朋友而去。当主播通过互动和"粉丝"成为朋友时，这些"粉丝"就会一直守在主播身边。

用情感共鸣抓住"粉丝"的心

用技巧吸引"粉丝"只是最初吸引"粉丝"的手段，要想让"粉丝"一直陪伴在你的身边，你需要用情感共鸣来抓住"粉丝"的心。情感共鸣能让你在"粉丝"心里占有独一无二的位置。"粉丝"会觉得你和别人完全不同，你是他最喜欢的主播，也是和他最合拍的人。

俗话说："物以类聚，人以群分。"人们会和与自己"三观"相近的人交朋友，会和在情感方面产生共鸣的人亲近。一个主播如果能够和"粉丝"打成一片，和他们产生情感共鸣，而不是只靠语言，那这个直播一定是个高手。他可能在那里一坐，不用说话，都会产生一种吸引"粉丝"的气场。

某主播在快手上直播自己的点滴生活。这个主播是个非常朴实的劳动者，在大城市里打拼，晚上回到自己的出租房，打开快手和大家直播聊天。

现在有不少年轻人漂泊在大城市当中，一个人辛苦打拼。他们心里会有很多的苦，但是没有人听他们诉说。这位主播和他们是一样的，同样在大城市拼搏，同样在一个人的夜里感到孤独。

通过快手的直播间，这些孤独的年轻人凑到了一起。他们聊生活，聊工作，也聊自己的梦想和现实的无奈。

该主播很快就吸引到了一大批"粉丝"，他们中的大部分人是在外面打工的年轻人。他们有很多共同的话题，每次来到这个直播间，就像是一群人在狂欢。不过狂欢之后，该失落的还是会失落，然而和一个人失落相比，一群人失落让人感觉没有那么孤独了。

该主播有时候会在生活中遇到难题，他就不和大家聊天了，而是打开直播，一个人默默喝啤酒。但是很奇怪，直播间的人数不但不会减少，反而会比平时更多。看着主播的样子，很多人会想起自己陷入困境时的样子，和主播产生了共鸣。

情感上的共鸣吸引到了非常多的"粉丝"，这个主播的"粉丝"越来越多，很快便火了起来。他开始在直播间销售一些零食，并告诉"粉丝"们："喝酒伤身体，心里觉得难受的时候，吃点零食吧。没有什么问题是一袋好吃的零食解决不了的，如果有，那就两袋。"

他开始销售零食以后，很多人都从他这里买零食吃，而且有人表示，就是因为听了他的劝告，自己开始戒酒了。

例子中的主播没有特别的才艺，他只是一个普普通通的打工者。他没有赢在技术层面，而是赢在了和"粉丝"的情感共鸣上。不管是谁，只要能在直播时和"粉丝"产生情感共鸣，他就离成功不远了。能够感动一小批人，那么他通常也能感动一大批人，他缺少的只是一个机会——让更多人认识他的机会。

小众的有时候往往是大众的。能感动小众，也就能感动大众，只要让更多

人看到你。很多品牌都是从小众开始做起，逐渐进入大众视野当中的。鲁迅先生说过："民族的才是世界的。"当你能够感动身边的这些"粉丝"时，就能感动更多的人。

小茵是个很可爱的女孩，天真活泼。她在快手上做直播，没有特别的才艺，但是她待人很真诚。她刚开始做直播时，直播间里一个人也没有，她自己一个人对着镜头，感觉无所适从。这时候直播间里进来了几个观众，小茵就和他们聊天。观众觉得小茵说话非常天真，就像是邻家妹妹一样，对她产生了好感。

小茵在直播时主要和观众聊天，有时候她也会唱歌，但是由于五音不全，她一唱歌，观众就让她别唱了，说别人唱歌要钱，她唱歌要命。小茵有时候直播时表现得不好，会急得直哭。"粉丝"反而安慰她，说她已经做得很好了，不要着急，一步一步慢慢来。

小茵在直播时表现得非常真实，仿佛让观众看到了自己的影子：虽然不是很强大，但面对困难时始终不屈不挠。

渐渐地小茵的"粉丝"多了起来。奇怪的是，这些"粉丝"并没有像其他主播的"粉丝"那样，要求主播有什么才艺，他们以对待小妹妹的态度对待小茵，对小茵非常包容。

小茵的"粉丝"越来越多，成了一个人气比较高的主播。其他主播感到很奇怪，他们不知道小茵到底凭什么变得这么火。只有小茵的"粉丝"知道，是小茵的真实让他们产生了情感上的共鸣。他们愿意支持小茵，就像是支持现在或者曾经在生活中不断摸爬滚打的自己一样。

　　情感共鸣是一种非常神奇的东西，它能够让"粉丝"和主播变得亲密无间，通过网络让他们的手紧紧握在一起，就像是生活中的朋友一样。小茵能够成功，不是因为她在直播时表现出了什么过人的才艺，只是因为她能让观众产生情感共鸣。

　　多用情感去抓住"粉丝"的心，这样你就能成为一个直播高手，你和"粉丝"之间的关系也会更牢固。

先引流后卖产品

做直播营销时，流量非常重要，有了流量基本上就有了销量。那些直播营销的高手，并不会急着卖产品，他们常常先引流后卖产品。把流量吸引过来以后，不需要具有多么高超的营销技巧，他们就能让产品销量迅速增长。

电商平台之间的竞争一直非常激烈，这种竞争的核心就是吸引流量。电商平台会在各种节日搞活动，只要是一个能叫得出名字的节日，电商平台都会乘势做一波活动。有节日要做活动，没有节日创造节日也要做活动。于是，我们就看到了"京东618""天猫双十一"等非常多的活动。奇怪的是，每一次活动都不是一家在做，所有的电商平台都会去做。谁不做这些活动，流量就会被别人抢走了。

在网约车刚刚兴起时，滴滴和快的之间的大战很多人或许还记忆犹新。滴滴和快的大战时，都在疯狂地想办法引流。它们提供各种优惠，只为了把司机和顾客吸引过去。赔钱或者赚钱已经不重要，谁能够掌握更多的流量，谁就能笑到最后。

在共享单车刚刚兴起时，"小黄车"ofo和摩拜之间的引流大战非常激烈。两家都在拼命给用户补贴，推出免费骑车的卡券，搞骑行送红包、邀请好友赠送好礼等活动，各种活动层出不穷，看得人眼花缭乱。

在移动互联网时代，几乎所有的营销都是围绕抢夺流量展开的。谁能吸引到流量，谁占有了用户，谁就取得了成功。前期赔钱也没有关系，后面一定会赚回来的。谁先占住了流量，谁就占据了市场。

做直播营销其实也是同样的道理，真正的高手从不会计较一次直播营销的得失，他们的眼光都放在了流量上，就像高级将领总是纵观全局，不会在意一城一地的得失一样。

流量大了以后通常"粉丝"也就多，"粉丝"多了就会产生"粉丝"经济，而"粉丝"经济正是移动互联网时代的宝藏。当一个网红主播有足够的"粉丝"时，他就有了一定的资本。只要对这些"粉丝"进行正确引导，便可以获得巨大的经济效益。

小妍想要在快手上做直播营销，但是她知道一个新人很难迅速成长起来，她需要先想办法引流。为了引流，小妍找到了当时人气很高的一个大主播，希望他能够帮助自己，帮忙引流。

为了表示诚意，小妍在这个大主播的直播间送了很多礼物。最终，这个大主播同意帮她这个忙。

一次，小妍直播时，这个大主播来到了她的直播间，给她送了一些礼物，让她的直播间有了热度。这个大主播的"粉丝"看到他去支持小妍，

也跟着过来看热闹。小妍的直播间一下子涌进了很大的流量，这让她上了直播的热门。

只是一次引流，小妍就收获了大量"粉丝"。有了这批"粉丝"之后，小妍抓紧时间做直播，继续用直播来吸引流量。她几乎每天都直播十几个小时，并且对直播的内容精益求精，力求对观众产生最大的吸引力。

经过一段时间的努力，小妍的"粉丝"越来越多。她直播时的热度总是很高，这会源源不断地引来新的流量。小妍这才开始卖她的产品，做起了直播营销。小妍第一次营销，就取得了很好的业绩。

做直播营销时，没有流量就会非常难。例子中的小妍先借助大主播的力量帮自己引流，然后努力让流量变得更大，最终把营销工作开展起来。她的思路非常清晰，做得也很好。

在做直播营销时，一定不要急着卖产品。等你有了流量，卖产品会很轻松。把注意力集中在引流上，才找对了发力点。

有了这样的观念之后，引流的方法有很多，各个主播可以充分发挥自己的能力去吸引流量。借助其他主播的力量，形成主播的圈子，共同吸引流量，这是小主播可以使用的方法。有了一定的"粉丝"基础之后，把"粉丝"经营好，让"粉丝"帮你引流，也是个不错的方法。经常推广自己的短视频内容，把自己的短视频挂到快手的"发现"页上，也能起到很好的引流作用。

在引流这件事上，主播们"八仙过海，各显神通"。大家知道，只要能够引来流量，就有机会变得更强。但是在引流的同时，一定要把内容做好，否则引来流量也没用。引来流量以后，用优质的直播内容把流量留住，这才是正确的做法。

灵活运用焦点法则

人的精力是有限的，你不可能方方面面都做好。如果你把精力分散到很多点上，就哪一个点都无法做精。但是直播营销，你必须做精，这样才有机会比别人强，继而被观众注意到，才能收获"粉丝"。

做直播营销时，你一定要灵活运用焦点法则，将力量聚到一处。做什么就一直做什么，直至把它做得非常好。这样一来，你就会拥有巨大的优势。如果你能做成这个领域的第一人，你就会像明星一样耀眼，肯定能够吸引到很多"粉丝"。

要想将直播营销做好，你应该充分重视焦点法则，将自己的力量全部投到聚焦的内容上去，不让精力分散。这样一来，你就可以在聚焦的内容上做得更好，超越大多数人，成为更优秀的那一个，观众的目光也就更容易聚集到你的直播上来。

李子柒是一个很火的网红主播，她的短视频受到很多人的喜爱。其实，她在刚开始制作短视频时，并没有太多的粉丝。和大多数主播一样，她也经历了一段时间的摸索。她最初在网络上发布的视频，是一些"无厘头"的搞笑视频。这样的视频并没有给她带来太多的流量，她开始思考，想通过自己的特点来吸引观众。

经过反复推敲，李子柒选择拍一些自己擅长的内容，比如做饭。她将自己的力量聚焦到传统的厨艺上来，有时候一条视频内容要拍摄好几天。她给自己的视频中加入了古风内容，再加上农村生活的舒适恬淡，很有中国文化的特色。很快，她的视频就受到了观众的喜爱，她也成了被央视点名的优秀主播，还当上了成都首位非遗推广大使。

要想在众多的网络主播中脱颖而出，得到观众的青睐，就应该有自己的特色。将力量聚焦到一个点上，把某一类视频做好，成为这类视频当中的佼佼者，你就可以拥有"顶端优势"，获取更多的流量。李子柒做到了这一点，把力量聚焦到传统厨艺和美食上，取得了巨大的成功。

做直播营销时，要把力量聚焦到一个点上，这样才能取得突破，做得比其他人好，从而脱颖而出，为自己赢得更多的"粉丝"和更高的关注度。

小颖在快手上做直播营销，她在绘画和唱歌方面比较有天赋，在直播时，有时候唱歌，有时候画画。直播了一段时间之后，小颖发现自己的"粉丝"数量没有太大的增长。她很疑惑，不知道为什么自己这么努力做直播，每天直播那么长时间，"粉丝"数量就是不涨。

后来，她无意中看到有人在直播间说："咦？我记得你是画画的啊，怎么开始唱歌了？"

观众不经意的一句话，让小颖意识到了一个问题，她觉得自己应该把力量聚焦到一个点上。这样又画画又唱歌，会让"粉丝"感到混乱。她觉得快手上唱歌的人太多了，自己的唱歌水平其实并不算很高，于是她决定放弃唱歌，专攻画画。

小颖不再唱歌了，平时就在直播间画画。她一边画画，一边想着怎样才能让自己的画更吸引人，让自己的直播内容和别人的直播内容产生差异。她想到了一个办法，就是用日常生活中的物品来配合作画。

小颖把日常生活中的一些常见物品利用起来，比如水果、蔬菜、炊具、甜品、文具等。她把这些物品放在纸上，然后画出了多种形式的绘画作品。观众看了她的画，觉得很新奇，就开始关注她了。

这样直播了一个月之后，小颖收获了很多"粉丝"。"粉丝"们都觉得她是一个想象力很丰富，并且热爱生活的主播，非常与众不同。

小颖看时机已经成熟，就在直播时卖画画的工具，还应"粉丝"的要求，出售那些配合她作画的小物品。"粉丝"的购买热情很高，小颖也赚到了她直播以来的第一桶金。

一个人的精力是有限的，如果什么都做，可能什么都做不精。例子中的小颖一开始又唱歌又画画，不但分散了自己的精力，也让观众看得摸不着头脑。小颖认识到了自己的问题，专门在画画这一方面发力，最终用独特性吸引了"粉丝"，并把直播营销做好了。

只有聚焦才能成为专家，各个领域的专家们，通常已经在这个领域付出了超过一万个小时的努力。只有把力量聚焦，精准出击，你才能把事情做得更

好。很多人不懂得聚焦，漫无目的地做事，这是没有效率的。聚焦工作十年，和漫无目的地工作十年，取得的成就往往有天壤之别。

在做直播营销时，聚焦能让你突破自身的限制，将自己的长处充分发挥出来，形成亮点。这样，你才有可能做到这个领域顶尖的位置，让其他人黯然失色。之后，你将会吸引到这个领域的绝大多数人，你的"粉丝"将会非常多，你的直播营销也会越做越好。